MANUAL DE SUPERVIVENCIA FINANCIERA

PASO 1

FINANZAS PERSONALES E INVERSIÓN DESDE CERO

MAURICIO TISCAREÑO

@TISCAFinanzas

Autoría: Mauricio Tiscareño Rosas
Dirección editorial: Alexis Bravo Sastré
Diseño editorial: Ana Paulina Esparza Posada
Diseño de portadas internas: Andy Becker

ISBN: 9798323394319
Derechos reservados
Primera edición impresa en México: enero de 2024

No se permite la reproducción total o parcial de este libro, ni su incorporación a un sistema informático, ni su transmisión en cualquier forma o por cualquier medio, sea este electrónico, mecánico, por fotocopia, por grabación u otros métodos, sin el permiso previo y por escrito de los titulares del copyright.

Agradecimientos

Primero que nada debo agradecer a mi familia, por haberme apoyado desde el día 1, por darme las herramientas para poder llegar hasta aquí.

Asti, por ser siempre la primera (fuera de mi familia) en creer en mí, apoyarme, motivarme e impulsarme.

A los que siempre están, ustedes saben quiénes son.

A mi equipo que trabajó a marchas forzadas para tener a tiempo este libro, aguantando mis errores, cambios, momentos de hiperfoco, sin arrancarme la cabeza.

Finalmente pero no menos importante, a todos los que han confiado en mí para guiarlos en este mundo financiero, que la bolsa se los multiplique por mil.

Prólogo

"Los tiempos de crisis son tiempos de oportunidades" estas fueron las palabras de aliento del CEO de la aerolínea donde trabajaba en abril de 2020, mientras anunciaba que cedería el 50% de su sueldo para sacar a la empresa a flote, en medio de la crisis económica que se avecinaba derivada de la pandemia del COVID-19.

Apenas unos días después, los sindicatos negociaban las medidas emergentes que se tomarían para salvar a la empresa. Ahora la carga recaía sobre los empleados, así que sin queja alguna y en medio de una ola de aplausos, cedimos el 50% de nuestros ingresos de un día para el otro. Todo con tal de mantener nuestra fuente de empleo y de salvar al Caballero Águila que tantas veces nos había arropado bajo sus alas de acero.

Los meses posteriores fueron un cambio drástico en el estilo de vida de todos los tripulantes, pues no sólo nuestros ingresos se redujeron, también tuvimos que replantearnos nuestras vidas, aprendimos a estar en casa, a despertar diario en el mismo lugar, así como a ver a la misma gente y los mismos lugares, ya que en algunos meses hacíamos apenas un vuelo.

Este nuevo estilo de vida hizo replantearme todo lo que creía saber de mí mismo y mis planes a futuro. El haber pasado los últimos 10 años de mi vida volando para esta aerolínea definió mi personalidad, mis sueños y mis relaciones sociales e interpersonales. Fueron 10 maravillosos años, donde cada día vivía una nueva aventura, descubría un nuevo lugar, nuevas personas con quien compartir y cada tripulación era una pequeña familia inseparable por los siguientes cinco o seis días. Además, no podía quejarme de la privilegiada remuneración económica que estaba por encima del trabajador promedio en este país.

Pero ahora me preguntaba, ¿cuánta vida me estaba costando este trabajo y si realmente valía la pena?.

La aviación es un mundo totalmente hermoso y pasional, pero también exageradamente celoso, porque exige altos sacrificios que nos mantienen alejados de aquellos a quienes amamos, de nuestras familias y amigos, sacrificamos fechas especiales y eventos; aquí no existen los domingos, las comidas familiares, los cumpleaños, las navidades o las bodas. Tenemos un par de días libres al mes para disponer de nuestro tiempo. El resto del mes estamos a total disposición de la aerolínea, expuestos al pleno capricho natural que conlleva la aviación, como el clima, los problemas mecánicos, las demoras y los incontables contratiempos e imprevistos que pueden surgir.

Hoy volteo al pasado y me doy cuenta que mi viaje por la aviación ha sido maravilloso. Ha sido una carrera altamente pasional, desde la relación entre el hombre y la máquina, el ver el mundo desde las alturas, vivir entre las nubes, todos los lugares que conocí y toda esa gente encantadora que se atravesó en mi camino. Todas esas historias que jamás podremos contar…no puedo negar que todo lo que tengo al día de hoy ha sido producto de volar.

Pero no todo ha sido miel sobre hojuelas. Existen las incontables noches sin dormir, los despegues a las 5 am, todos los eventos familiares a los que no pude asistir, constantemente despertar sin saber dónde estaba, qué hora era o si era de día o de noche. También están los recesos mínimos, el pesado ritmo de trabajo, los turnos de 12x12 y las incesantes modificaciones, así como la imposibilidad de hacer planes.

Creo que si lo analizamos fríamente, la descripción de este trabajo suena bastante terrorífico, porque nos encerramos por 12 horas diarias en una lata que se desplaza a la velocidad del sonido a 30 mil pies sobre el nivel medio del mar con otros cientos de desconocidos totales, e, incluso, confiamos ciegamente nuestras vidas en alguien que no conocemos. Nos mandan a lugares lejos de nuestro hogar por semanas, privados de sueño, obligados a pasar noches en vela por completo, o, en ocasiones , a iniciar horas antes del amanecer. Nos encontramos en un ambiente hostil, inhóspito, donde todo es controlado de manera artificial como el oxígeno que respiramos, la presión atmosférica y la iluminación. Ni hablar de la sobreexposición a la radiación solar, y que el mínimo error nos puede costar la vida. Hasta parecería que se trata de un cruel experimento o un reality show.

Cuando lo describimos de esta manera suena mucho menos atractivo, así que, ¿por qué alguien estaría dispuesto a sacrificar su vida en este trabajo? Si ya conocemos todos los daños a largo plazo que nos causa y sabemos cómo reduce nuestra expectativa de vida, ¿por qué exponer nuestros cuerpos a semejante castigo? ¿Es acaso la aviación una droga que nos hace enormemente felices mientras viajamos, pero regresar a la realidad es doloroso? ¿Estamos conscientes del daño que nos hacemos, pero a pesar de nuestros incesantes esfuerzos, no la podemos dejar?

Todo el tiempo en tierra, lejos de los aviones, hizo replantearme toda mi situación laboral y empecé a cuestionarme si disfrutaba mi trabajo por las razones equivocadas, ya que descubrí un mundo dentro de la rutina. La belleza de estar en los mismos lugares, de tener control sobre mis tiempos, dedicar horas de mi vida a hacer las cosas que amo, practicar a diario el deporte que me gusta, seguir un plan alimenticio, cocinar en casa, en vez de llenarme con cualquier comida chatarra disponible en el aeropuerto en el que me encontrara. Aprendí que tener sueño todo el día no es normal y que eso fácilmente se repara durmiendo por las noches - por más lógico que parezca, una noche completa de receso es un lujo en la aviación.

La aviación ha sido un maravilloso viaje que me ha resultado bastante costoso y que me ha dejado años de vida desaprovechados, además de que es un ciclo insostenible a largo plazo. Definitivamente, el costo más alto que he tenido que pagar es mi estabilidad emocional, tener una constante ansiedad social, no saber cómo interactuar con personas afuera - o incluso adentro - del avión, mantenerme irritable y hasta deprimido. Todo lo anterior me ha obligado a alejarme de los aviones por dos años y cada día que pasa me replanteo la vida y cómo vivirla intensamente más allá que trabajar y esperar una remuneración económica cada quincena. Porque sí, la vida es eso que pasa, mientras nosotros estamos trabajando.

Esa frase me ha rondado en la cabeza desde el comienzo de mi vida laboral y el tiempo de pandemia hizo cuestionarme cuál es el punto de dedicarle nuestra vida a una empresa si es que somos la generación que no tendrá acceso a una pensión, a una jubilación gubernamental como lo gozaron las generaciones que empezaron a laborar antes de 1997, cuando llegó la infame "ley del 97" del Seguro Social, la cual nos despojó a nuestra generación y a futuras de este derecho laboral.

En México, la edad de jubilación es a los 65 años, mientras que la expectativa de vida es de 75 años, estos dos hechos me hicieron cuestionarme si realmente vale la pena regalarle 45 años de mi vida a una empresa a la que tengo que pedirle permiso para disponer de tiempo, que me pide trabajar más allá de los horarios establecidos y que me asignen vacaciones a discreciones. Particularmente, mi respuesta es que no, que definitivamente no vale la pena, pero entonces, ¿cuál es la alternativa? Porque no puedo simplemente abandonar el trabajo y vivir de caridad o esperar alguna solución divina, pero tampoco quiero poner mi vida en pausa para empezar a vivirla hasta los 65 años.

Ahora, si te has identificado con algo de lo que has leído, esta trilogía te ayudará a encontrar esas opciones y soluciones.

Y es que afortunadamente existe una alternativa que no es un remedio mágico, o un producto milagro. Es el poder invertir en empresas nacionales y globales por medio de una casa de bolsa. Actualmente es una gran época para los inversionistas independientes, porque podemos hacerlo desde la comodidad de nuestra casa, llevarla con nosotros en nuestro dispositivo móvil y la mejor parte es que ya no requerimos grandes capitales para invertir, porque podemos iniciar con la cantidad de mil pesos MXN.

Desde el comienzo de mi vida laboral, destiné una parte de mis ingresos a las inversiones, siempre con el objetivo de contar el dinero suficiente que me permitiera tener una vida digna al retirarme de mi trabajo a una edad anticipada y poder alcanzar una cierta libertad financiera.

Lamentablemente, la educación financiera que recibí fue limitada. En México, no contamos con una verdadera educación financiera, ni en los hogares, ni en ningún nivel escolar - ni aunque se estudie una profesión enfocada al sector financiero, ni siquiera en esos niveles se habla de finanzas personales - que nos hable de finanzas personales y mucho menos de inversiones.

Así que durante mi aprendizaje cometí muchos errores costosos, algunos más que otros, pero al final del día unos te cuestan dinero y otros te cuestan tiempo y el tiempo es tu activo más valioso, porque no hay forma de recuperarlo, regenerarlo, ni obtener más. Así que maximizando los recursos a mi alcance, empecé un viaje por el mundo de las finanzas, investigando y aprendiendo todo lo que fuera posible, por medio de Internet, cursos y libros que me brindaron información que poco a poco fui asimilando y se convirtió en lo que hoy sostiene mi estilo de vida.

Años más tarde, cuando la vida me obligó a poner una pausa y replantearme las decisiones de vida que había tomado, agradecí haber iniciado de manera temprana en las inversiones, ya que esto me permitió sobrellevar, primero, la crisis económica provocada por la COVID-19 y segundo, la crisis económica personal - y existencial - que significó no trabajar por más de dos años derivada de una incapacidad laboral provocada por mi deteriorada salud emocional.

Es aquí cuando me di cuenta de la importancia de tener un manejo adecuado de las finanzas personales y la poca información que tenemos al respecto. Así que poco a poco y sin darme cuenta me convertí en un promotor de esta cultura entre mis amigos, conocidos y familiares. Meses más tarde comencé a dar pláticas informativas en línea para orientar a mis amigos, motivarlos y facilitarles el inicio de su camino en el mundo de las inversiones. Estas pláticas las daba con la honesta y firme intención de evitar que cometieran los errores que yo cometí, evitarles la posible pérdida de capital o tomar decisiones que años más tarde repercutirán negativamente en sus finanzas. Una de las frases que más repetía en estas pláticas era "yo ya cometí suficientes errores y perdí suficiente dinero por todos, aprendan de mis errores". Es así como nace el proyecto de Tisca Finanzas (así pueden encontrarme en todas las redes sociales, donde constantemente comparto contenido informativo).

Actualmente me dedico por completo a la gestión de mi capital, por medio de inversiones y trading en bolsa. Ocasionalmente doy pláticas para orientar a los principiantes y compartirles todo lo que deben saber para iniciar en este mundo. El mejor regalo que puede darme esta nueva línea de trabajo es la libertad de manejar mis propios tiempos, no estar sujeto a los horarios que me asigne un tercero, escoger desde dónde trabajar, sólo dedicarle un par de horas de mi día, mi computadora y una conexión estable a internet.

El resto del día lo aprovechó para disfrutar de mis pasiones, principalmente el deporte, puedo darle mayor seriedad a mis entrenamientos, a mi dieta y a mis recesos. Tengo la libertad de escoger si durante la semana quiero entrenar CrossFit en la CDMX o si prefiero irme a la playa a surfear. También dispongo del tiempo para irme unos días a acampar, subir montañas, o escalar. Todo este cambio de vida no es más que un sueño realizado para mí y es esto lo que quiero compartir y transmitir en las siguientes páginas, para que todos podamos alcanzar la libertad financiera y vivir la vida de la manera que más nos guste, porque es importante recordar que sólo tenemos una y que hay demasiado por vivir como para entregarla a un trabajo.

Para mí es importante contar mi historia por si puedo apoyar a alguien que esté en la misma situación y la intención en todo esto es compartir mi conocimiento sobre educación financiera y llegar a más gente, para que todos los que lean esta trilogía, puedan iniciar el camino en el mundo de las inversiones, o mejorar sus habilidades y mejorar su vida financiera por medio de decisiones informadas. Para que puedan alcanzar sus metas, ya sea teniendo un mejor panorama al momento de jubilarse, retirarse antes de la edad obligatoria, o simplemente maximizar sus ingresos y tener un mejor nivel de vida.

Siempre he creído que la primera inversión que debemos hacer es en nuestra educación y mientras más tiempo pasa, confirmo que es la mejor inversión que pude haber hecho.

"Invertir sin estudiar es más peligroso para tu capital que no invertir".

Descargo de responsabilidad

Toda la información contenida en este libro es únicamente con fines educativos, representan únicamente la opinión personal de quien escribe y su experiencia personal. No tiene fines comerciales, de asesoría legal, financiera, ni fiscal. En ningún momento representa una recomendación de operación bursátil, compra, venta ni operación de activos comerciales o bursátiles.

Toda inversión representa un riesgo y debe evaluarse con análisis profundo y recopilar toda la información posible. Los mercados financieros no son la excepción y cada inversionista es responsable de evaluar sus riesgos y sus inversiones antes de arriesgar su dinero.

La información en este libro proviene de la investigación realizada por el autor, proveniente de la información pública disponible, pero no garantiza que se mantenga vigente al momento de la lectura.

Si deseas continuar aprendiendo respecto a estos temas, puedes contactarme a través de mis redes sociales (@TiscaFinanzas) o por correo electrónico (tiscafinanzas@gmail.com) donde constantemente comparto información relevante de estos temas, además podrás enterarte de las fechas disponibles de los próximos cursos.

"A mi hermana mayor, porque su terrorífica administración económica, fue lo que inspiró a cultivarme y adentrarme cada día más en el mundo financiero bursátil".

Índice

Agradecimientos — 5
Prólogo — 6
Descargo de responsabilidad — 14

Introducción — 19

Libertad financiera — 23
Finanzas personales — 31

Presupuesto — 35
Ahorro — 43
¿Cuál es la mejor manera de organizar mi presupuesto? — 45

Protección familiar y seguros — 49

Fondo de emergencia — 57
Fondo de emergencia, el salvavidas ante los imprevistos — 59

Tarjetas de crédito — 63
La trampa de los meses sin intereses — 66
Saldo por pagar — 67
¿Cómo usar las TDC a nuestro favor? — 68
¿Qué es buró de crédito? — 71

Deudas — 75

Jubilación, retiro y pensión — 83
¿Cómo funcionan las AFORE? — 86
Plan personal de retiro — 93

Hogar, ¿rentar o comprar? El eterno debate — 97

Fuentes de ingreso — 107
Bancos — 111
Sociedades Financieras Populares (SOFIPO) — 114

Inflación — 117

Interés compuesto — 123

Inversiones — 129

Renta fija vs renta variable — 133

Bonos gubernamentales — 137
CETES — 139
BONOS, UDIBONOS — 141

Impuestos — 149

Cómo evitar estafas financieras — 157

¿Qué es la bolsa de valores? — 165

Invierte en ti — 172

Epílogo — 174

Glosario — 175

Introducción

Este primer libro de la trilogía está enfocado a las finanzas personales. Antes de adentrarnos en el mundo de la bolsa e inversiones es importante poner en orden nuestras finanzas personales.

Porque si no tenemos en orden nuestra economía, no podremos llegar muy lejos y no habrá ingreso que soporte nuestro nivel de vida. Podríamos tener ingresos millonarios y aún así llegar a fin de mes con la cuenta en ceros o, incluso, deudas en las tarjetas de crédito u otros similares.

*Naciste para hacer algo más que trabajar
12 horas al día,
6 días a la semana,
50 semanas al año,
45 años de tu vida.*

Libertad financiera

Y para ti, ¿qué es la libertad financiera? Tómate un par de minutos para responder esta pregunta. Imagina cómo se vive o cómo se ve. ¿La visualizas como un sinónimo de riqueza?¿Cómo te visualizarías siendo financieramente libre? ¿Tal vez viajando alrededor del mundo en tu propio yate, vistiendo exclusiva ropa de diseñador y comiendo en los restaurantes más lujosos que te puedas imaginar?

LA LIBERTAD FINANCIERA ES LA CAPACIDAD DE CUBRIR NUESTROS GASTOS SIN TENER QUE TRABAJAR. Parece un sueño inalcanzable y difícil de lograr; sin embargo, es bastante real, solamente se tiene que trabajar inteligentemente y de manera constante.

Pero para lograrlo, primero hay que desglosar ciertos conceptos.

Iniciemos hablando de los ingresos pasivos, ya que serán clave en este proceso. Los ingresos pasivos son aquellos que nos generarán ganancias sin la necesidad de realizar un trabajo. Para entenderlos mejor imaginemos que eres propietario de una casa y la tienes en renta. Esta casa te genera un ingreso mes a mes, sin necesidad de tu esfuerzo físico o mental y va a seguir produciendo mientras trabajas, paseas con tu familia, e, incluso mientras duermes. Ahora, ¿qué otra forma de ingresos pasivos se pueden tener? Puedes invertir en bonos gubernamentales, o empresas en bolsa que generen ganancias y pago de dividendos.

Tu dinero puede trabajar 24 horas al día, 365 días al año para generar más dinero y lo mejor es que no se cansa. Algo sumamente importante que debes tener en cuenta es que tú tienes un tiempo límite, porque **TU ACTIVO MÁS VALIOSO**

ES EL TIEMPO, ya que no se puede reponer, ni recuperar, ni comprar, ni pedir prestado.

No trabajes duro, trabaja inteligentemente.

La meta es lograr que tus ingresos pasivos cubran por completo todos tus gastos, cuando eso suceda habrás alcanzado esa tan deseada libertad financiera y oficialmente podrás elegir si quieres trabajar, en qué, desde dónde y cuántas horas al día. Piensa qué harías con tu tiempo si no tuvieras que trabajar, qué trabajo harías si no tuvieras que preocuparte por cubrir las deudas, ¿seguirías haciendo lo mismo o perseguirías esa pasión infantil que no seguiste por miedo a "morir de hambre"?

Imagina un escenario donde tus ingresos pasivos cubran tus gastos corrientes y los ingresos provenientes de tu trabajo sean destinados en su totalidad para invertir o para viajar. Imagina tener la libertad de poder dejar tu trabajo en el momento que quieras y tomarte unas vacaciones de uno o dos años sin preocuparte por vivir de manera raquítica. Con la libertad financiera buscamos eso, comprar nuestro tiempo, poder disfrutar de la vida sin tener que sacrificar nuestros ingresos o gastos.

Pero, sobre todo, la libertad de jubilarte en el momento que lo decidas y no esperar a cumplir 65 años de edad y depender de la AFORE para mantenerte.

Suena a un gran sueño, y lo es, pero es un sueño que está al alcance de nuestras manos. Definitivamente hoy es el mejor día para empezar a pavimentar el camino de nuestro futuro, a través de buenas decisiones financieras.

La planeación a largo plazo no es pensar en nuestras decisiones futuras, sino pensar en el futuro de nuestras decisiones actuales.

Las generaciones actuales ya no aspiramos a trabajar hasta los 65 años, retirarnos y vivir el resto de nuestras vidas dependiendo de una pensión (principalmente, porque en México ya no tendremos pensión gubernamental, como tenían quienes empezaron a laborar antes de 1997). Ahora soñamos con disfrutar nuestras vidas, viajar, invertir en experiencias, básicamente el sistema tradicional ya no funciona para nosotros. Queremos vivir nuestras vidas a plenitud, sin la intención de esperar a la vejez para empezar a vivir tranquilamente. Es así como nace la ambición por alcanzar la libertad financiera, una nueva ideología generacional que se ha ido popularizando, no sólo en México, sino alrededor del mundo, donde se busca invertir tanto como sea posible durante la etapa laboral, para poder alcanzar esa libertad financiera cuanto antes.

La pregunta que todos nos hacemos, ¿por dónde empezar? Lo primero es poner orden las finanzas personales, es decir, debes saber de manera precisa cuánto ganas y cuánto gastas, porque a partir de entender esto podrás crear un presupuesto mensual, equilibrar tus gastos con tus ingresos y así tener un presupuesto suficiente para cubrir los gastos, los gustos e invertir.

Uno de los consejos más valiosos que debes recordar es vivir por debajo de tus ingresos, es decir, si ganas 100 pesos, gasta 80 e invierte 20; si ganas 300 mil pesos, gasta 240 mil e invierte 60 mil. No vivas de quincena en quincena, llegando al final arañando tu cartera, porque tu cuenta se quedó en ceros, pero tampoco te restrinjas, ni seas tacaño, aquí lo importante es aprender a administrarse y presupuestar todos los gastos, incluso esos lujos que tanto disfrutas. ¿Eres fanático de comprar en línea o de ir a conciertos mes con mes? Tal vez, ¿eres de los que viajan a la playa o asisten al cine, al teatro o come en restaurantes de vez en cuando? Síguelo haciendo, pero presupuéstalo, asigna un monto mensual a cada rubro y apégate a él sin que ello signifique limitar tu estilo de vida.

El siguiente punto es realizar un proyecto de vida. Para esto piensa cómo quieres vivir al retirarte, ¿dónde quieres vivir? Debes preguntarte si quieres vivir en la playa, en la ciudad o en el bosque. En cuanto decidas, calcula cuánto te costará al mes mantener este estilo de vida que has imaginado. Ya que sepas el monto mensual requerido, multiplícalo por 12 para conocer el monto anual de tus gastos. Ahora, considera a qué edad quieres jubilarte y proyecta cuántos años pretendes vivir retirado. Entendiendo todos estos datos podrás calcular, fácilmente, un primer acercamiento al número requerido para jubilarte y vivir cómodamente.

Porque sí, al conocer tus gastos anuales sabrás cuánto necesitas generar en ingresos pasivos y cuánto necesitas invertir para alcanzar esta cantidad. Y aunque el número pueda parecer bastante grande, en los siguientes capítulos aprenderás que es mucho más sencillo de conseguirlo de lo que crees.

La libertad financiera se alcanza cuando tus ingresos pasivos son suficientes para cubrir tus gastos.

Aprovecha este espacio para dibujar o escribir cómo te ves siendo financieramente libre, plasma tus sueños y ponles fecha.

Un sueño con una fecha se convierte en una meta.

Finanzas personales

Seguramente en tu trabajo has conocido dos personas con sueldos idénticos, con situaciones de vida similares, pero que viven de manera radicalmente diferente. Por un lado, está ese compañero de trabajo que constantemente se queja que el sueldo no le alcanza, vive de cheque a cheque y siempre llega al final de la quincena sin un peso en la bolsa; por otro lado, está al compañero que con el mismo ingreso vive cómodamente, e, incluso constantemente lo ves regalándose algunos lujos como viajes, idas a conciertos, salidas y demás cosas que suenan ridículas de poder adquirir con su sueldo. La única diferencia entre estos dos personajes es la administración financiera y por ello es tan importante que iniciemos por aquí, porque sería absurdo intentar invertir sin tener nuestras finanzas en orden.

Antes de decir que tienes un problema de ingresos, reflexiona si no tienes un problema de administración financiera, **SIN BUENA ADMINISTRACIÓN, INCREMENTAR TUS INGRESOS NO SOLUCIONARA TUS PROBLEMAS FINANCIEROS.**

Tomemos una pausa para que replantees tu situación económica individual, ¿manejas tus finanzas como el personaje 1 o como el personaje 2? Averigüémoslo respondiendo las siguientes preguntas:

- ¿Qué tan seguido aplicas el "para eso trabajo" antes de realizar un gasto innecesario?.

- ¿Pagas el total a tu tarjeta de crédito o el pago mínimo?.

- ¿Ahorras o inviertes?.

- ¿Llegas con dinero excedente a fin de mes o esperas ansiosamente la siguiente quincena para cubrir tus gastos?.

Si al responder estas preguntas, te has dado cuenta que gastas como nuestro primer personaje, no te preocupes, estás en el lugar correcto para corregirlo, recuerda que hoy es el mejor día para empezar. Si eres más parecido al segundo personaje, felicidades, estás un paso más cerca de la anhelada libertad financiera.

Una forma de gastar más conscientemente es darnos cuenta de que las cosas que compramos las pagamos con horas de vida, con nuestro tiempo y no lo pagamos realmente con dinero. Como he mencionado varias veces ya, el tiempo es tu activo más valioso, por lo que debes aprovecharlo y gastarlo inteligentemente.

¿Sabes cuántas horas de vida te cuesta esa compra que estás a punto de hacer? La manera más sencilla de calcularlo es la siguiente: piensa en tu ingreso mensual, divídelo entre 30 días para conocer el pago diario. Ahora divídelo entre el número de horas que trabajas al día para saber tu pago por hora y pregúntate cuántas horas de tu vida cuesta pagar el nuevo modelo del celular que tanto deseas o cuántos días de trabajo necesitas para cubrir la mensualidad de un coche nuevo.

Al tener esta pequeña imagen de dónde estás parado es momento de analizar cada uno los detalles para conocer la salud de nuestras finanzas y cómo mejorarlas.

Para ello nos apoyaremos en los 8 mandamientos de las finanzas personales.

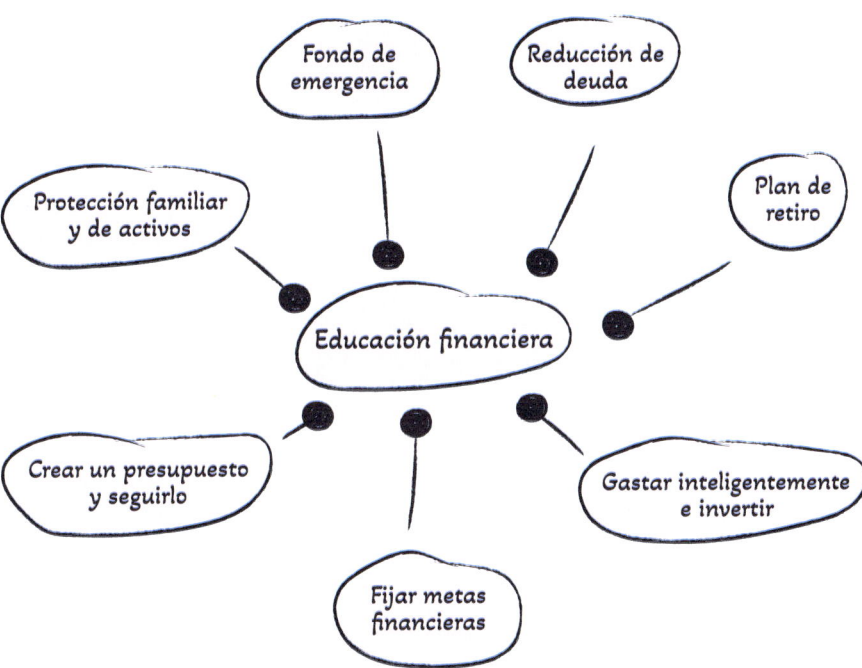

Presupuesto

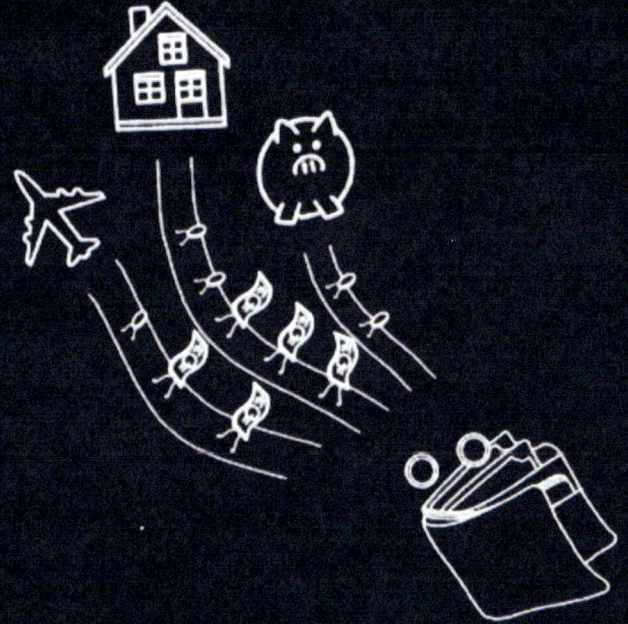

Crear un presupuesto mensual y apegarte a él es la piedra angular de todo este proceso. Sin un presupuesto, no sabrás realmente donde queda todo tu dinero y no podrás planear adecuadamente nuevos gastos o metas. He visto muchos casos de personas que ni siquiera saben cuánto ganan, mucho menos cuánto o en qué gastan.

La forma más sencilla de resolver esto es llevando una bitácora de tus gastos diarios. Existen muy buenas opciones en aplicaciones gratuitas que te pueden ayudar a cumplir este propósito. Las mejores que he encontrado son Money Manager, YNAB y Blue Coins, las cuales cuentan con un sistema de control detallado y te permiten clasificar tus gastos por rubros, haciendo la tarea mucho más sencilla. También puedes hacer uso de las tablas de Excel o si prefieres llevarlo "a la antigua" puedes hacerlo con una libreta de papel para llevarla contigo. Una manera menos conveniente puede ser pagar todo con tarjeta y revisar tu estado de cuenta, siempre cotejando contra tus tickets.

Lejos del método que elijas, lo importante es que si no has hecho aún este ejercicio, lo hagas, al menos, durante un mes. Lleva contigo estas notas, deja registro de cada gasto que hagas, incluso los más pequeños, como esos 5 pesos que usaste para el parquímetro, o los 10 pesos que gastaste comprando unos chicles.

De la misma manera, toma nota de cada peso que recibas. En muchos empleos se cuenta con la bondad de tener, adicional a los sueldos, algunas prestaciones como vales de despensa, vales de gasolina, bonos en efectivo, comisiones, propinas, etc. Esto sin tomar en cuenta las fuentes de ingreso adicionales que puedas generar.

Realmente ésta es una mecánica bastante sencilla de desarrollar, **SUMA TODOS TUS INGRESOS, SUMA TODOS TUS GASTOS Y AL FINAL RESTAMOS LOS GASTOS TOTALES DE LOS INGRESOS TOTALES.** Una fórmula simple, pero poderosa.

Idealmente, si tienes tus finanzas en orden tendrás un balance positivo, eso significa que vives por debajo de tus ingresos y a fin de mes tendrás dinero disponible para ahorrar e invertir. Si tienes un resultado negativo o cero, quiere decir que gastas más de lo que ganas, por lo que habrá que tomar en cuenta las siguientes acciones para reajustar tus finanzas y volver positivo ese balance.

1-Empieza por clasificar tus gastos, divídelos entre gastos esenciales y no esenciales.

¿Cuáles son los gastos esenciales? Esos de los que no puedes deshacerte, porque son los que necesitas para vivir, por ejemplo tu vivienda, la comida, el transporte, la luz, el agua, el gas, etc.

¿Cuáles son los gastos no esenciales? Todos aquellos de los que podrías prescindir, como lujos, compras, viajes, paseos, entretenimiento, conciertos, aplicaciones de delivery, aplicaciones de streaming, etc.

2-Revisa la lista de tus gastos (especialmente los no esenciales) y ve cuáles puedes reemplazar, reducir costos o incluso recortar por completo. No se trata de limitar la forma en que vivimos para poder acumular capital, pero siempre hay que tener en mente la optimización de los recursos económicos que disponemos.

Por ejemplo, si pides comida por aplicación, podrías reducir los días a la semana que lo haces y sustituirlo cocinando en casa. Si vas al cine una vez a la semana, podrías reemplazarlo viendo una película en casa de vez en cuando, incluso puedes revisar cuantas aplicaciones de streaming pagas y verificar cuántas usas realmente. Dependiendo de tu respuesta, podrías considerar deshacerte de algunas o compartir los gastos de algunas con amigos o familiares. Otras acciones pueden ser preparar tu café en casa, en vez de ir al café de moda; si tienes algún espacio libre en tu vivienda, puedes rentar un cuarto o un cajón de estacionamiento que te sobre.

En muchos casos, el mayor depredador de la economía personal son los gastos hormiga. Esos pequeñísimos gastos que aparentan no ser un problema por sí mismos y normalmente los menospreciamos por ser de bajo costo, hasta que los sumamos de manera mensual y nos damos cuenta del daño que le hacen a nuestra economía. Pongamos un ejemplo, imagina que compras una cajetilla de cigarros o un café de marca al día, el valor aproximado es de 70 pesos, son más de 2,000 pesos al mes, si consumes ambos, ya son casi 5,000 pesos mensuales. Algo que parecía pequeño en tu compra diaria ya se volvió un gran gasto mensual, ¿verdad?

En ocasiones, la falta de planeación termina por convertirse en un gasto adicional. ¿Cuántas veces has tenido que tomar un taxi para trasladarte rápidamente, porque se te ha hecho tarde? Es muy probable que esa distancia la pudiste haber caminado, recorrido en bicicleta o transporte público de haber salido a tiempo, ¿no? Es por ello que la planeación nos puede ayudar a reducir muchos gastos innecesarios.

Una hormiga por sí misma no puede hacerte mucho daño, pero si te ataca todo un ejército puedes tener grandes problemas.

> Sumar todos nuestros ingresos y posteriormente restarle todos nuestros gstos nos permitirá conocer que tan sanas son nuestras finanzas. Lo ideal es que el resultado sea un número positivo, si no lo es, podemos hacer los ajustes necesarios.

	PRESUPUESTO MENSUAL				FECHA	1-Jan-24
	INGRESOS	$	EGRESOS	$		
1	SUELDO	$25,000.00	RENTA	$10,000.00		
2	VALES GASOLINA	$3,000.00	AGUA	$500.00		
3	VALES DESPENSA	$3,000.00	LUZ	$250.00		
4	VENTAS INTERNET	$5,000.00	GAS	$250.00		
5			INTERNET	$350.00		
6			CELULAR	$350.00		
7			COMIDA	$8,000.00		
8			TRANSPORTE	$4,000.00		
9			ENTRETENIMIENTO	$5,000.00		
		$36,000.00		-$28,700.00		
	BALANCE MENSUAL			$7,300.00		

En la imagen anterior puedes observar un ejemplo bastante sencillo de cómo realizar tu presupuesto en una tabla de Excel o de Google Sheets, lo único que hay que hacer es colocar de un lado todos tus ingresos y del otro lado todos tus gastos. Una vez que tengas estos datos y sepas dónde queda todo tu dinero, puedes buscar la forma de optimizarlo y lograr que a fin de mes te quede más dinero en la bolsa.

CREAR UN PRESUPUESTO Y APEGARTE A ÉL ES EL PRIMER PASO PARA MEJORAR TU VIDA FINANCIERA. ES IMPORTANTE QUE AQUÍ TAMBIÉN CONSIDERES, UN PORCENTAJE DE TUS INGRESOS AL AHORRO E INVERSIÓN.

Puedes usar esta tabla para crear tu primer presupuesto.

	PRESUPUESTO MENSUAL			
	INGRESOS	$	EGRESOS	$
	BALANCE MENSUAL			

Money Mgr.   Ynab   Bluecoins

Ahorro

Lo ideal es iniciar con al menos un 10% de nuestros ingresos totales y poco a poco ir incrementando el porcentaje que se invierte de manera que no afecte nuestro nivel de vida. No se trata de restringirse en las actividades que nos gustan, ni dejar de comer para ahorrar dinero, podemos continuar con todo lo que nos gusta hacer, pero que todo esté considerado dentro del presupuesto, también recuerda asignar una parte de tu presupuesto a entretenimiento, salidas al cine, comidas en restaurante o por aplicación, ir de fiesta, compras impulsivas, etc.

Pero no tiene que ser una regla, si llevas muchos años funcionando sin un presupuesto puede ser difícil para ti desprenderte del 10% de tus ingresos para invertir antes de poner orden en tus gastos, empieza con lo que puedas, cada peso suma, empieza donde estés y poco a poco ve mejorando, es más importante crear un hábito del ahorro que esperar a tener un monto alto para iniciar.

Recuerda gastar lo que te sobra después de invertir, pues uno de los errores más comunes que se cometen es invertir lo que sobra después de gastar.

Así como hablamos previamente de los gastos hormiga, ahora podemos hablar del ahorro hormiga y es que existe una forma de ahorrar dinero sin que se sienta una carga para tu economía. ¿En qué consiste? Muy sencillo, puedes empezar adquiriendo una alcancía, escoge un monto de billetes o monedas que nunca gastarás, por ejemplo, cada vez que recibas una moneda de 5 pesos, guárdala en la alcancía en vez de gastarla. Si puedes hacerlo con un billete de 20 pesos o uno de 50 pesos es todavía mejor, sin embargo, lo importante aquí es que sea un monto pequeño del que puedas olvidarte por un tiempo y dejarlo así hasta que la alcancía se llene por completo. En cuanto la abras te darás cuenta que habrás ahorrado sin darte cuenta. Ahora, si eres una persona más ambiciosa, puedes hacerlo con un garrafón de agua o algún envase de refresco vacío para darte cuenta cómo van subiendo tus ahorros y para que la cantidad final sea todavía más grande de lo que podrías pensar.

Por otro lado, existen diferentes acciones que puedes tomar en tu día a día que te pueden ayudar a ahorrar como apagar las luces de las habitaciones cuando no estés en ellas, utilizar una cubeta para recolectar el agua de la regadera mientras esperas a que se caliente o no dejar el calentador de agua prendido todo el tiempo, estas son algunas acciones que reducirán considerablemente tus gastos y ayudarás positivamente con el cambio climático.

Y por último, recuerda tener todo en buen estado, por ejemplo, si observas que tu lavamanos tiene una gotera es mejor arreglarla en ese momento, pues en el futuro puede convertirse en un gasto más grande; también es importante pagar tus servicios a tiempo y así evitarás recargos o intereses moratorios.

¿Cuál es la mejor manera de organizar mi presupuesto?

No existe una respuesta específica que funcione para todos, ya que dependerá de cuánto ganas, si tienes deudas, dependientes económicos, si cuentas con una vivienda propia o pagas renta, si tienes algún gasto fuerte como pagos de hipotecas o colegiaturas, incluso de cuáles son tus planes en el corto, mediano y largo plazo. Sin embargo, una de las fórmulas más conocidas es la de 50/30/20, la cual recomienda dividir los ingresos en tres grandes segmentos:

50% destinado a necesidades básicas, como gastos de vivienda, alimentos, transportación y vestimenta.

30% para tus gustos, los cuales incluyen aquellos gastos que no sean esenciales, pero de los cuales deseamos disfrutar como los viajes, artículos coleccionables, entretenimiento o artículos de lujo.

20% destinado a la Inversión para el futuro.

Esta fórmula es muy útil, pero puede parecer complicada de cumplir, sobre todo si estás comenzando el proceso de poner en orden tus finanzas. Supongamos que tienes un sueldo mensual de 20,000 pesos, para aplicar la fórmula del 50/30/20 deberías de apartar 10 mil pesos para tus gastos vitales; 6 mil pesos para actividades como ir al cine, paseos con tu pareja, salir al bar con tus amigos o alguna otra actividad que disfrutes. Finalmente, deberás apartar 4 mil pesos para invertirlos en tu futuro.

Esta fórmula no es una regla obligatoria, sino una recomendación que puede servirte como una guía que se ajustará dependiendo de tus necesidades. Continuando con el ejemplo anterior, es probable que 10 mil pesos no sean suficientes para cubrir todas tus necesidades, así que habría que asignar una parte ligeramente mayor a este apartado, provocando que se sacrifique un poco de los otros apartados, pero siempre intentando destinar al menos el 10% de tus ingresos para invertir.

¿Quieres que el 50/30/20 funcione de una mejor manera? Procura que tus ingresos aumenten con el paso del tiempo a través de aumentos salariales, fuentes de ingreso adicionales o generando ingresos pasivos; mientras que tus gastos se mantengan en el mismo nivel, porque **INCREMENTAR TUS INGRESOS Y MANTENER TUS GASTOS ACELERARÁ EXPONENCIALMENTE TU CAMINO A LA LIBERTAD FINANCIERA.** Obviamente no podremos mantener los gastos en el mismo monto, debido al incremento inflacionario de precios en servicios y alimentos, pero sí se puede mantener el mismo nivel de gastos, es decir, cuando se tenga un incremento de ingresos, utilizar ese dinero excedente en inversiones.

Personalmente no creo que el 50/30/20 sea realista para un país como México. Primero, porque la mayoría de las personas en edad laboral destinan la mayor parte de sus ingresos a los gastos esenciales. Lo anterior toma más sentido cuando analizamos que el salario mínimo es de aproximadamente 7 mil pesos mensuales, imagina tener únicamente 4 mil pesos para tus gastos, se vuelve poco realista. Adicionalmente, no es una solución estandarizada que se pueda ajustar a todos, pues no es lo mismo tener que cubrir solamente tus gastos, a tener dependientes económicos, o por el contrario, estar empezando tu vida laboral y aún contar con la ventaja de vivir en el hogar familiar, ahorrándote el gasto de la renta, en ese caso sería absurdo limitar tu ahorro a sólo un 20% podrías ser mucho más agresivo.

Así que calcula tu presupuesto y asigna un monto a las inversiones que sea conveniente para ti, incluso si son sólo 100 pesos, hazlo de manera constante e incremental cada que puedas. Empieza donde estés y trabaja con lo que tengas.

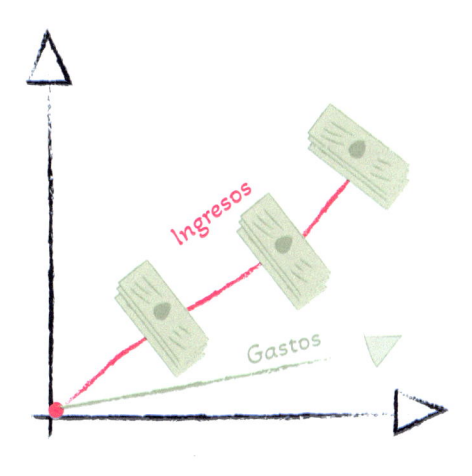

Una vez asignado un monto a tus ahorros e inversión, es importante ponerle un nombre y apellido, es decir, cada ahorro debe tener asignada una meta, porque te facilitará mucho el poder alcanzarla, ya que desde un inicio sabrás la cantidad de dinero necesaria para cumplir ese sueño, e incluso, podrás asignar una fecha para alcanzarla. Por otra parte, ahorrar sin una meta o propósito, sólo te complicaría la situación, ya que al lograr una cantidad considerable, querrás gastarla en la siguiente novedad que se te atraviese, olvidando mantener tus ojos en la meta.

> Crear un presupuesto y apegarnos a él es el primer paso para mejorar nuestra vida financiera. Es importante que aquí consideremos también un porcentaje de nuestros ingresos al ahorro e inversión. No solo invertir "lo que sobre" a fin de mes.

Protección familiar y seguros

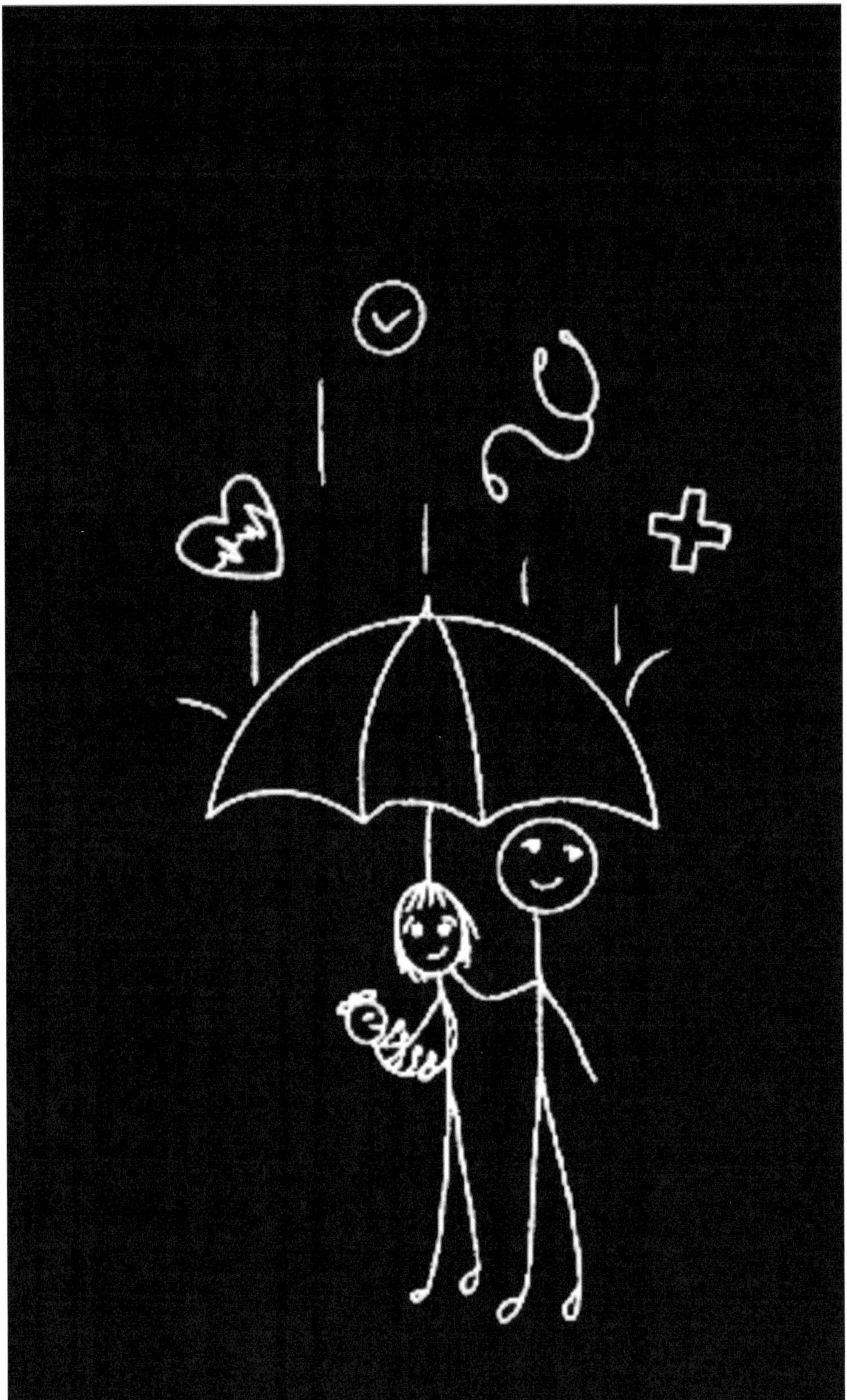

¿Qué es y cómo funciona el seguro?

Un seguro se contrata para proteger financieramente tus bienes, ante el posible riesgo de perderlo y que te fuera difícil de reponer. Puedes asegurar casi cualquier cosa con una institución financiera y ésta fijará un monto a pagar por el producto, a este pago se le conoce como prima. Por otro lado, la institución financiera establecerá el bien asegurado, el monto a cubrir en caso de pérdida total o parcial y las condiciones en que aplicará y en cuáles no.

En la actualidad puedes asegurar tu coche, tu casa, tu persona en caso de fallecimiento, incluso tu salud con un seguro de gastos médicos, el cual se encargará de cubrir los gastos necesarios en caso de que te enferme, seguros de desempleo, etc. Es probable que incluso hayas escuchado de cantantes o actores que tienen partes específicas de su cuerpo aseguradas por sumas millonarias, ya que de eso viven.

¿Qué es y cómo funciona el testamento?

Un testamento es un documento legal en el que una persona especifica cómo se repartirán sus bienes al momento de fallecer. Las personas designadas para recibirlo se denominan herederos.

En este testamento se especifica el porcentaje y los bienes que le corresponden a cada quien. Es de suma importancia tener un testamento actualizado y notariado, ya que le ahorrarás muchos dolores de cabeza a quienes te sobrevivan. ¿Recuerdas esos memes de la pelea por los terrenos de la abuela en la cena de Navidad? Lamentablemente, esa es una realidad en muchas familias mexicanas, al no existir un testamento, los bienes quedan sin un propietario y para asignarlos y poder hacer uso de ellos, será necesario iniciar un proceso legal. Imagina tener que lidiar con un duelo y encima un pleito legal que en muchas ocasiones puede terminar, incluso, en una ruptura familiar.

¿Las deudas se heredan?

Sí y no. Las deudas, según la regulación mexicana, sí pasan a los herederos, pero eso no quiere decir que estés obligado a sacar de tu cartera para cubrir dicha deuda.

En el caso de las deudas hipotecarias o de tarjetas de crédito, sí se hereda la deuda, pero en la mayoría de los casos, el crédito incluye un seguro de vida, el cual cubrirá la deuda. Si la cuenta tiene un atraso, puede convertirse en un problema, porque el seguro no estaría activo. Aun así, no tendrás que sacar dinero de tu bolsa para cubrir la deuda, la deuda será cubierta de los bienes heredados, así que podría, únicamente, reducir el monto a recibir. Supongamos que heredas una casa, pero el seguro de vida del crédito hipotecario no estaba vigente y no cuentas con los recursos para liquidar la deuda, en ese caso, lo que puede pasar es que el banco remate la vivienda para cobrar el monto que reste de esa deuda y el excedente por la venta del inmueble te será entregado como heredero.

Dentro de las finanzas personales, uno de los temas más difíciles a tratar es preguntarse qué pasa con los patrimonios al fallecer. En muchas familias sigue siendo un tabú hablar de la planeación post mortem, ya sea por miedo o por la creencia popular que hablar de la muerte puede atraerla; sin embargo, es de suma importancia estar preparados con un testamento actualizado, así como compartir la información de tus cuentas bancarias, de inversión y seguros a tus beneficiarios para que puedan realizar los trámites correspondientes y disfrutar el fruto del trabajo generado en vida, porque sí, hay dos cosas seguras en esta vida…tenemos que pagar impuestos y algún día moriremos.

Y sí, para muchas personas, los seguros es dinero mal utilizado, sin embargo, son herramientas que permiten estar protegido ante una situación imprevista como alguna enfermedad, accidente o el choque de tu automóvil.

Existen otro tipo de seguros que se enfocan en la educación de tus hijos, de esta manera, cuando sea el momento de mandarlos a la universidad, no deberás preocuparte por cómo pagar las inscripciones y colegiaturas. Este tipo de seguros ofrecen diferentes modalidades, ya que se puede invertir en UDIS, dólares o en la bolsa. Además de todo, este tipo de seguros incluyen un seguro de vida para que la educación de tus hijos esté cubierta, aunque tú hagas falta.

Si eres propietario de una casa o departamento, también puedes contar con un seguro que te permita cuidar de tu patrimonio si es que sufre daños por capricho de la naturaleza sin previo aviso.

También puede ser buena idea considerar algún plan para el retiro (PPR). Las instituciones financieras como bancos o aseguradoras ofrecen pagarte una cuota anual al llegar a determinada edad y harán crecer tu capital. Lo interesante de estos retiros es que además de ofrecerte beneficios fiscales, te protegen ante posibles accidentes o enfermedades y algunos incluyen seguro de vida e incapacidad o invalidez total, por lo que estás protegido en caso de que no puedas seguir trabajando por alguna cuestión médica.

Como podrás haber visto, en la actualidad existen muchas opciones para asegurar a tu persona y a tus bienes, es por ello que es importante investigar qué opción se ajusta mejor a tus necesidades. Para esto considera el monto de la prima, si te dan facilidades de pago de forma mensual o anual, si existe domiciliación a tu tarjeta de crédito, cuál es la suma asegurada y las condiciones en las que te protegen. Todo esto te ayudará a dormir más tranquilo, ya que estarás protegido de cualquier situación adversa que pueda afectar tu situación financiera.

Aquí te comparto un par de puntos importantes que debes considerar antes de contratar un seguro:

1- No contrates el primer seguro que te ofrezca y mejor compara las opciones que ofrecen las diferentes instituciones financieras.

2- Infórmate sobre el pago total anual, si dan facilidades de pago o debe ser un pago único y en caso de contar con pagos en parcialidades, ¿el costo es el mismo o incrementa?

3- En el caso de los seguros de automóvil, infórmate si te protege de situaciones como robo, accidentes, responsabilidad civil, pasajeros, gastos médicos, gastos legales, vandalismo. En caso de pérdida total, ¿cuál es el valor que se te pagará por tu auto?

4- En el caso de seguro de gastos médicos, pregunta ¿cuál es el límite de gastos y qué enfermedades cubre? ¿En qué hospitales puedes atenderte? Y si tiene un periodo de espera antes de poder usarlo y cuál es el monto ante enfermedades crónicas.

4.1- ¿Cuál es el pago en caso de accidente o enfermedad? ¿Debes pagar coaseguro o deducible, que monto de cada uno?

5- Recuerda siempre leer las letras pequeñas antes de contratar un seguro. No todos los asesores financieros ven por tus intereses, algunos sólo piensan en venderte el producto y cobrar su comisión.

Fondo de emergencia

S.O.S

S.O.S

Fondo de emergencia, el salvavidas ante los imprevistos

En algún momento de nuestras vidas, todos hemos pasado por situaciones imprevistas. Puede ser una reparación vehicular, un accidente personal, la enfermedad de una mascota, un desperfecto en casa, incluso, una situación más grave como una emergencia familiar o una situación de desempleo. Esto puede suponer un problema económico que te puede dejar mal parado al ser gastos no planeados y que tienen la habilidad de aparecer en los peores momentos. Es en estos casos donde entra al rescate el fondo de emergencia y es que precisamente de esto se trata, de un ahorro - aparte de todos los demás - que sea utilizado exclusivamente para gastos no planeados que deben ser cubiertos sí o sí.

Otra de las funciones del fondo de emergencia es poder cubrir tus gastos corrientes, comida, renta, luz y agua si es que te quedaras sin trabajo. Además, te dará la comodidad de tomarte el tiempo necesario para conseguir uno nuevo sin la premura de agarrar lo que sea para cubrir tus necesidades básicas.

¿Cómo formar un fondo de emergencia?

Lo más recomendable es tener un monto equivalente entre 3 y 6 meses de tus gastos fijos. Sí, puede sonar como un monto gigantesco, si todavía no cuentas con ahorros pregúntate de dónde podrías sacar 6 meses de tus gastos fijos sin desequilibrar tus finanzas. Imposible, ¿no? Retomando el ejemplo anterior donde tus ingresos son de 20 mil pesos mensuales y tus gastos son de 10 mil pesos por mes, ¿qué te parecería ahorrar 96 mil pesos de un día para el otro? Suena financieramente imposible, ¿no? Afortunadamente este fondo no debe crearse en una sola exhibición, sino que puede formarse poco a poco, destinando un porcentaje de tus ingresos hasta que llegues a la meta. Ahora, la parte maravillosa es que al haber cumplido tu objetivo no tendrás que seguir aportando dinero, sino que bastará con que hagas algún ajuste cada vez que incrementes tu nivel de gastos y balancear año con año. Si tomamos nuestro ejemplo de los 20 mil pesos, si te propones ahorrar 4 mil pesos mensuales, te tomarían dos años en alcanzar la cifra necesaria para cubrir los 6 meses; sin embargo, este periodo de tiempo puede disminuir si inviertes el dinero para que te genere intereses, de esta manera reducirás el monto que debes invertir de tu cartera y acelerarás el proceso.

¿Dónde invertir el fondo de emergencia?

Existen muchas opciones para almacenar este dinero y que,

al mismo tiempo genere algo de rendimiento. Los bancos y LA Sociedad Financiera Popular (SOFIPOS) ofrecen opciones "a la vista" o de disponibilidad diaria en las cuales se estará generando un pequeño interés y podrás disponer de él en cualquier momento. Aunque una mejor alternativa es invertirlo en una deuda gubernamental por medio de CETES (en los siguientes capítulos explicaremos a detalle esta alternativa), ya que nos ofrece varias opciones de disponibilidad y rendimientos y es la opción más segura al estar respaldado por el gobierno de México.

Es importante verificar que la disponibilidad sea diaria, ya que las emergencias se presentan sin avisar y si el fondo está en un plazo fijo no nos ayudará mucho tener que esperar a que se venza el plazo para utilizar el dinero.

Algunos puntos importantes que hay que considerar al elegir dónde invertir tu fondo de emergencia:

1-¿Qué rendimientos genera la inversión en ese instrumento?

2-¿Qué tan disponible está tu dinero, es decir tienes disponibilidad diaria, en días hábiles únicamente, o es en un plazo fijo?

3-¿Puedes permitirte usar la tarjeta de crédito para cubrir los costos de una emergencia y esperar unos días más para tener la liquidez y pagar el monto de la tarjeta de crédito? En este caso, podrías optar por una versión de plazo fijo que te genere mejores rendimientos que la disponibilidad diaria, de esta manera tu dinero crecerá más y tú podrás usar la TDC para cubrir alguna emergencia y tendrás hasta la siguiente fecha de corte para liquidar.

Tarjetas de crédito

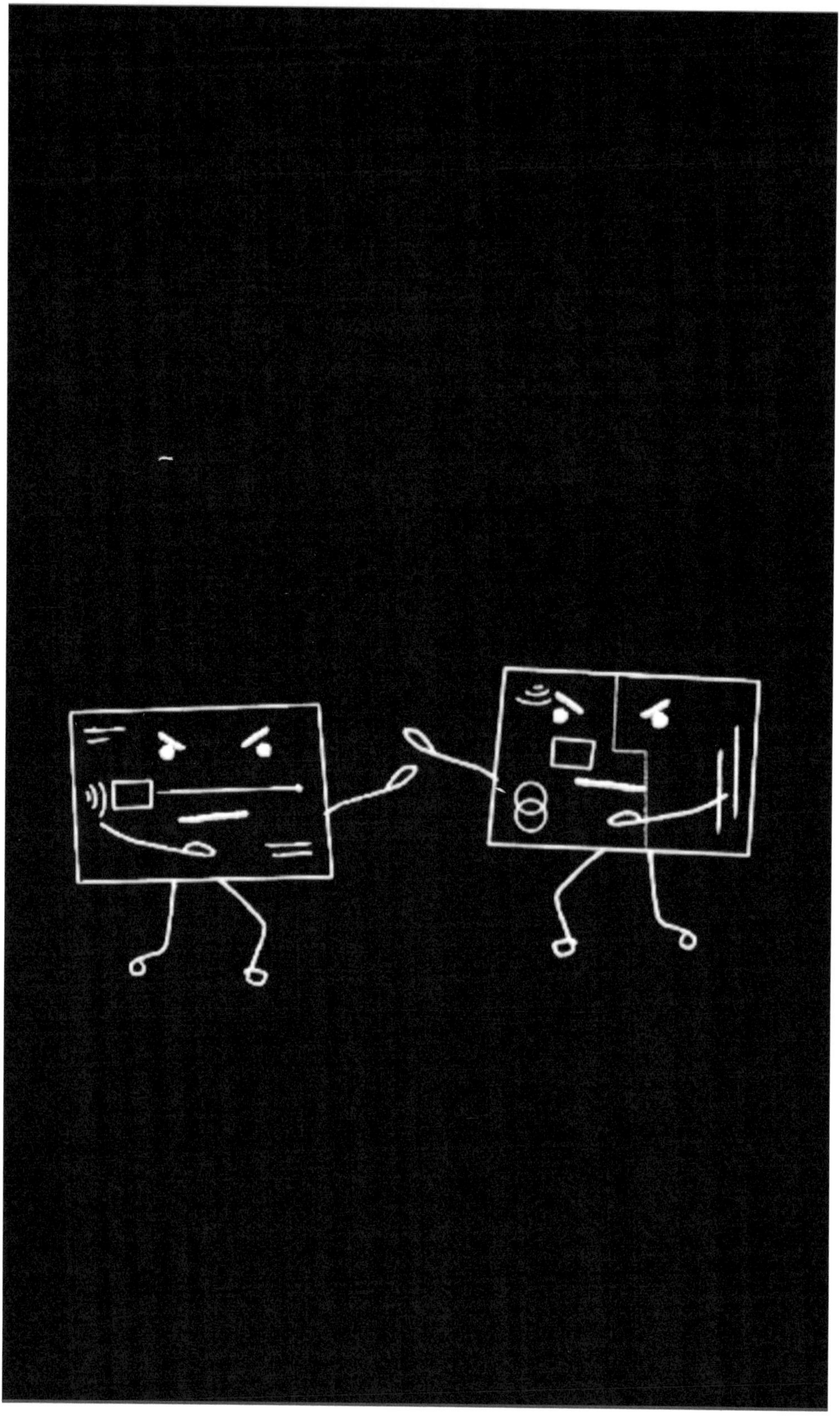

Para lograr apegarnos a nuestro presupuesto, las tarjetas de crédito pueden ser un buen aliado (utilizadas de la manera correcta) recordando siempre que no es dinero adicional, es dinero que al final de mes deberemos liquidar en su totalidad o pagar intereses altísimos por ello.

Empecemos por recordar cómo funciona una tarjeta de crédito. Es un monto que el banco nos "presta" por un periodo breve para que realicemos compras, el monto máximo a disponer se le conoce como "línea de crédito". Normalmente en el estado de cuenta encontraremos dos fechas, la primera es la fecha de corte, supongamos que tu fecha de corte es el día 21 de cada mes, eso quiere decir que todas las compras que realices en el periodo entre el 21 de este mes y el 21 del siguiente deberán ser cubiertas antes de la siguiente fecha límite de pago (la cual normalmente es en un par de días, incluso una semana después de la fecha de corte).

Es importante siempre tener en cuenta la fecha límite de pago para evitar intereses por demora en el pago, porque estos suelen ser muy altos y es dinero que estamos literalmente regalando por no pagar a tiempo. Un buen tip es poner un recordatorio o alarma en tu móvil para recordarte pagar a tiempo.

La trampa de los meses sin intereses

Habitualmente las tiendas o, incluso, los bancos lanzan promociones en las que tu compra será diluida en pagos sin intereses mensuales que se cargarán automáticamente a tu saldo por pagar. Esta puede ser una buena herramienta, pero como todo, tiene su lado oscuro. Muchas veces estos pagos pequeñísimos nos invitan a gastar de más y cuando se van acumulando se convierten en una bola de nieve que nos generan pagos altísimos. Esa chamarra de 6 mil pesos, que suena mucho más costeable pagando sólo mil pesos durante seis meses, los boletos de avión para esa escapada de fin de semana pasan de ser 20 mil pesos en una exhibición a solo dos mil pesos durante 12 meses, y así se van acumulando las deudas, las cuales, además de comerse tu presupuesto, psicológicamente tienen un efecto negativo, ya que se convierten en una carga, imagina seguir pagando un viaje del cual ya regresaste, una cena que disfrutaste hace tres meses, o una chamarra que probablemente ya no utilizas.

Los meses sin intereses pueden ser una buena opción para hacernos de algunas cosas, pero creo que la mejor idea es realizar unas preguntas filtro:

> 1. ¿Necesito este artículo en este momento, o puede esperar un par de meses para que ahorre y lo pague de contado?

2. ¿La duración de los pagos va a ser mas larga que la vida del producto?

3. ¿Tengo alguna otra compra diferida actualmente?

Saldo por pagar

Responder estas preguntas te ayudará a tomar una mejor decisión respecto a la compra que estás por realizar.

En el estado de cuenta vamos a encontrar tres cantidades:

1-SALDO TOTAL

Éste es el monto total que adeudamos a la tarjeta de crédito, incluye las compras del periodo, las compras diferidas a meses sin intereses y los intereses en caso de que se hayan generado

2-PAGO MÍNIMO

Este pago es la mayor trampa en la que podemos caer cuando usamos una TDC, pues es el monto que requiere el banco para que puedas seguir realizando compras y que no te genere un historial de deudor o pagador moroso. El problema es que no liquida el total de lo que debes en el periodo, lo que ocasionará que se generen intereses sobre el total adeudado. Normalmente es un monto considerablemente menor al pago para no generar intereses, por lo cual mucha gente opta por pagar este monto. Lamentablemente aquí caemos en un problema con los intereses, ya que la deuda seguirá incrementándose mes con mes, porque el pago mínimo no es suficiente para reducirla. Los intereses de las TDC en México son ALTÍSIMOS, algunas llegan a un Costo Anual Total (CAT) superior al 100%, esto quiere decir que cada año se va a duplicar el monto adeudado y mes con mes verás cómo sube esa cantidad.

3-PAGO PARA NO GENERAR INTERESES

Este es el monto que debemos pagar si no queremos que nuestras deudas acumulen un interés, esto incluye el total de las compras realizadas en el periodo y los acumulados de las compras diferidas a meses sin intereses. Idealmente se deben pagar mes con mes, sin embargo, en caso de que no puedas cubrir este pago por cualquier situación, paga lo más que puedas, siempre intentando de que el pago sea superior al pago mínimo para tratar de contener el crecimiento de los intereses. Comúnmente se le llama "totaleros" a las personas que mes con mes liquidan este monto.

¿Cómo usar las TDC a nuestro favor?

Antes de adquirir una tarjeta, uno se debe informar sobre los cobros que se realizan, los intereses moratorios, el costo anual total (CAT), la anualidad, la línea de crédito y qué programas de beneficios otorgan. Con esta información podemos escoger la tarjeta que más convenga a nuestras necesidades.

El CAT mientras más bajo, mejor. En el caso de la anualidad, hay que buscar que sea la menor posible o de preferencia cero. Muchos bancos optarán por darte una tarjeta sin anualidad de por vida con tal de que te cambies a su banco, además de que ya existen muchos productos sin anualidad.

Dependiendo del tipo de tarjeta que adquiramos, se pueden encontrar diferentes programas de beneficios que pueden ir desde acumular puntos en cada compra, para cambiarlos posteriormente por productos de su catálogo, realizar compras en ciertos establecimientos como boletos de avión con alguna aerolínea, o para realizar el pago de tu tarjeta en la fecha de corte. Esto sí es literalmente dinero gratis que se obtiene por hacer un buen uso de la tarjeta.

Actualmente, todas las tarjetas permiten establecer un límite máximo de gastos mensuales (en algunos casos permite limitarlos incluso por día o semana) desde la aplicación móvil del banco, esto puede ayudar bastante a limitar el monto que gastos y apegarnos a nuestro presupuesto establecido, además de que es una buena protección en caso de que la tarjeta sea robada o extraviada.

Es muy sencillo que la tarjeta se vuelva un buen aliado en nuestras finanzas en cuatro sencillos pasos:

1- SIEMPRE PAGAR A TIEMPO Y EL MONTO PARA NO GENERAR INTERESES.

2- ESCOGER LA TARJETA QUE BRINDE LOS MEJORES BENEFICIOS Y MENORES PAGOS POR INTERESES Y COMISIONES.

3-ESTABLECER UN MONTO MÁXIMO DE GASTOS AL MES.

4-UTILIZAR LOS PUNTOS RECOMPENSA.

Es así como una tarjeta, utilizada de manera consciente, puede convertirse en un gran aliado para nuestra economía. Adicionalmente, si estamos al corriente con nuestros pagos se nos genera un buen historial crediticio, lo cual es bastante importante al momento de solicitar un crédito mayor, por ejemplo, hipotecario, de auto o para algún negocio. Un buen historial puede ayudarnos a obtener mejores condiciones de crédito, mientras que un mal historial puede causar que se nos niegue algún crédito, a pesar de tener la capacidad de pago.

1. Pagar siempre el monto para no generar intereses y realizar el pago antes de la fecha límite.

2. Escoger la tarjeta que nos brinde los mejores beneficios y menores pagos por intereses y comisiones.

3. Establecer un límite máximo de gastos al mes desde la APP del banco.

4. Utilizar los puntos recompensa.

¿Qué es buró de crédito?

Se trata de una entidad autorizada por la Secretaría de Hacienda y Crédito Público (SHCP) que genera informes del historial crediticio de una persona o empresa en donde se incluye información relacionada con su actividad financiera respecto al crédito, es decir, si es puntual al momento de realizar sus pagos o si comienza a acumular deudas con el crédito.

Toda la información que se encuentra en el Buró de Crédito es confidencial y sólo es compartida con entidades financieras afiliadas que la soliciten. Por ejemplo, si queremos obtener una tarjeta de crédito, un préstamo o un crédito hipotecario, el banco pedirá nuestro reporte al Buró de Crédito para evaluar si cumplimos con los requisitos necesarios.

Como persona, también puedes acceder a un reporte de crédito especial que se obtiene de forma gratuita una vez al año para conocer el historial crediticio de cada persona, saber quién lo consulta y comprobar que la información se encuentre sea correcta y esté actualizada. Lo que es importante saber es que las consultas subsecuentes tienen un costo.

Por lo mismo, estar registrado en el Buró de Crédito tendrá efectos positivos dependiendo del comportamiento de pagos que se tenga. Por el contrario, si no se cuenta con un historial, te será más complejo obtener o contratar cualquier tipo de crédito.

¿Cómo funciona el buró de crédito?

En el Buró de Crédito se obtiene una puntuación crediticia

o score que cambia de acuerdo al comportamiento que uno tenga con su crédito.

Se puede identificar el nivel del score a través de un medidor de colores (rojo, naranja, amarillo, verde claro y verde) que va desde los 449 hasta los 775 puntos. Este número le indica a los otorgantes de un crédito si cumples con tus pagos o no, ya que entre más alto sea tu score, más posibilidades tendrás de obtener mejores créditos.

Si en algún momento dejas de pagar o te atrasas en los pagos, tu puntuación e historial se verán afectados. Por ello, si existe alguna circunstancia que te impida cumplir con tus obligaciones financieras, es recomendable que regularices tu situación a la brevedad, por ejemplo, contactando con las instituciones en las cuales figuras como deudor y consultes las opciones para planificar los pagos pendientes. Puedes utilizar un seguro de desempleo en caso de que aplique o buscar una refinanciación o reestructura de la deuda.

¿Por qué es importante mantener un buen historial?

Es importante ser puntual con los pagos de los créditos y tener un nivel de deuda acorde con tu capacidad de pago para tener un historial crediticio sano, esto te servirá para que las entidades financieras hagan un análisis de tu actividad y te den acceso a más y mejores créditos.

¿Cómo revisar mi historial en Buró de Crédito en línea?

Ahora bien, si quieres saber cómo puedes checar tu historial de Buró de Crédito o lo que es lo mismo, obtener tu reporte de crédito especial, lo puedes hacer directamente desde la

página oficial Buró de Crédito y dirigirte a la opción reporte de crédito especial.
También puedes hacerlo por medio de la aplicación del Buró de Crédito o la aplicacion Zenfi.

Para realizar una consulta sólo es necesario ingresar información personal, como tu nombre, domicilio, CURP, RFC y, en caso de contar con una tarjeta de crédito o algún crédito vigente, debes ingresar los datos correspondientes.
Por medio de la aplicación Zenfi puedes realizar tantas consultas como desees sin generar cargo adicional.

RECUERDA, UNA VEZ QUE HAYAS SOLICITADO UN CRÉDITO, YA ESTÁS EN EL BURÓ DE CRÉDITO, QUITEMOSLE LA CONNOTACIÓN NEGATIVA A ESAS PALABRAS. TODOS LOS QUE HEMOS TENIDO ALGÚN CRÉDITO EN NUESTRAS VIDAS ESTAMOS AHÍ, LA DIFERENCIA ES SABER SI TU PUNTUACIÓN ES BUENA O MALA.

Entiende tu score crediticio

Baja — **Menos de 550 puntos**
Personas con impagos en créditos y deudas pendientes. En este caso, casi ninguna entidad ofrece préstamos

Regular — **550-650 puntos**
Personas con algún atraso. Las entidades ofrecerán préstamos con altos intereses debidos al riesgo.

Buena — **650-700 puntos**
Personas con un buen historial. Las entidades ofrecen préstamos a bajo interés.

Excelente — **Más de 700 puntos**
Puntaje ideal buscado por las entidades de crédito. Intereses muy bajos debido al nulo riesgo.

Deudas

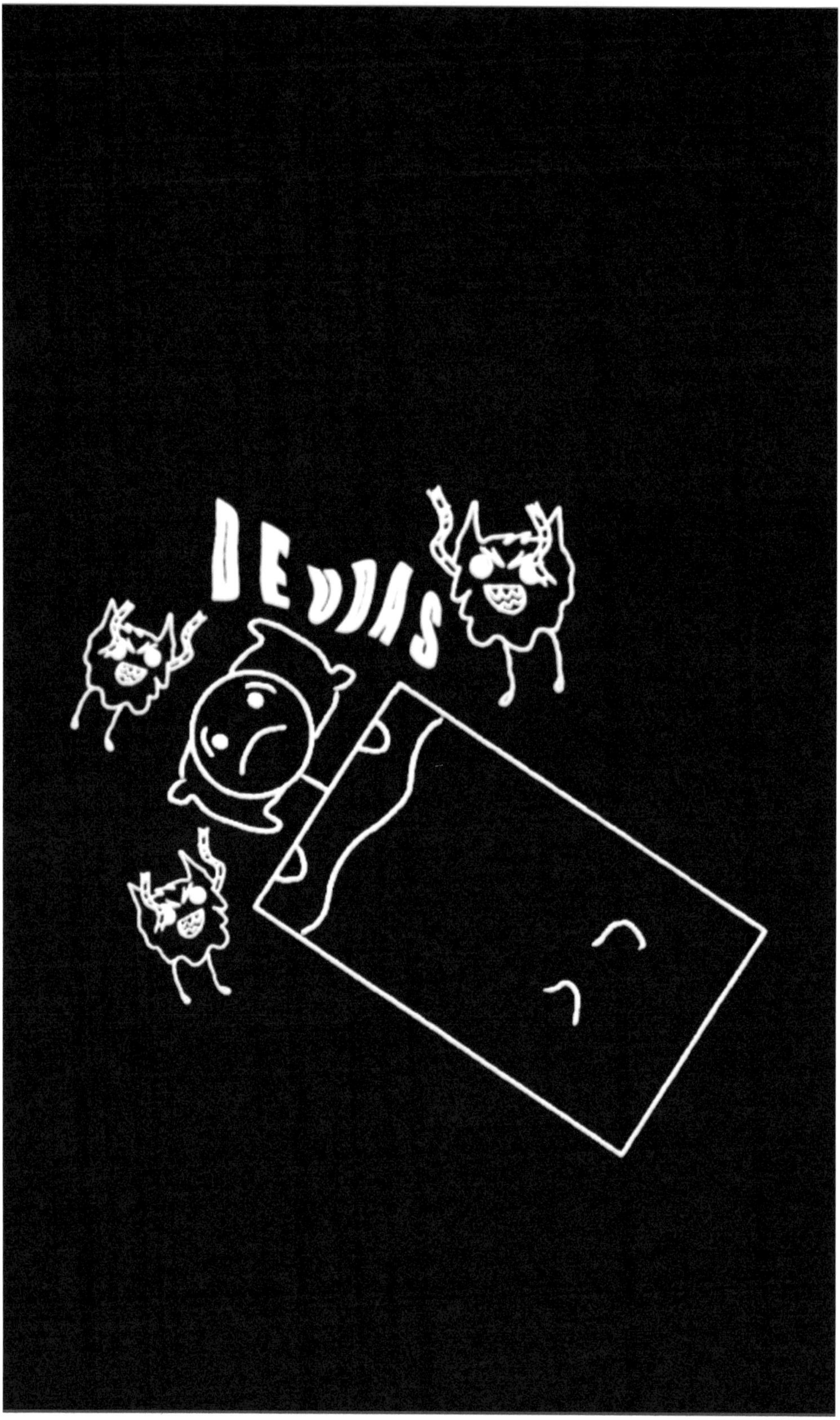
DEUDAS

Las deudas pueden ser una de las mayores fugas de capital en nuestra economía. Posiblemente te ha pasado que llegas a fin de mes sin dinero, pensando que toda tu quincena ha desaparecido por arte de magia y te preguntas dónde ha quedado ese dinero. Si ya hiciste tu presupuesto, ya sabes la respuesta y es que una gran parte la destinas a pagar deudas que parecen nunca desaparecer, esto por los famosos intereses que se tienen a una institución bancaria. Los intereses son dinero que tiras a la basura, ya que lo estás dando al banco que te hizo el préstamo sin recibir algún beneficio a cambio.

El primer paso para mejorar tus finanzas es saber dónde está el dinero y ahora que lo sabes, el siguiente paso es optimizar su uso.

No todas las deudas son malas, pero los pequeños pagos mensuales o quincenales pueden parecer una buena opción, hasta que se acumulan varios y terminan por comerse los ingresos mensuales. Es por ello que aquí van algunos consejos para manejar la deuda de una manera más eficaz.

1- Antes de adquirir una deuda, considera si es necesaria la compra y si vale la pena comprar en este momento, pagar posteriormente con intereses y acabar pagando un monto mayor, o simplemente puedes esperar un poco de tiempo para ahorrar y pagar sin intereses.

2- Considera el monto mensual a pagar, las mensualidades totales y los intereses que pagarás por ello. Consulta el CAT y calcula cuánto pagarás en total al final de tu préstamo. Esto se puede calcular de manera muy sencilla, multiplicando el pago mensual por el número de mensualidades y obtendrás el pago total. ¿Vale la pena pagar dos o tres veces el valor del artículo?

3- Si ya tienes otros préstamos vigentes, considera cómo afectará este nuevo pago mensual a tus ingresos. ¿Quedarás restringido? ¿Puedes pagar cómodamente las mensualidades totales sin restringir tu estilo de vida? Es muy importante tener esto en cuenta, porque si caes en un sobreendeudamiento te quedarás sin liquidez y, probablemente, termines pidiendo otro préstamo para cubrir tus gastos y éste será un círculo vicioso del que muy difícilmente podrás salir.

4- Consulta las condiciones del crédito. ¿Te permite realizar pagos anticipados a capital? ¿Te penalizan por ello? ¿Puedes liquidar en cualquier momento? ¿Tiene algún seguro o facilidad de pago en caso de algún imprevisto, por ejemplo, el desempleo?

5- Si estás pensando en adquirir alguna deuda para emprender un negocio o para crecer alguno que ya tengas, es importante analizar si las ganancias serán suficientes para cubrir el préstamo, intereses y, además, dejar algo de ganancia. Dudo que tu intención al emprender sea trabajar para que el banco sea el único que reciba las ganancias de tu negocio.

6- Ya me endeudé y las deudas están consumiendo mi economía, ¿qué puedo hacer? El primer paso en este caso es evitar adquirir una nueva deuda con un préstamo para pagar los préstamos existentes. Esto es uno de los peores errores financieros que se pueden cometer, porque se vuelve una bola de nieve que crecerá hasta sepultarte como avalancha. Para pagar tus deudas es bueno considerar diferentes opciones, por ejemplo, en algunas ocasiones las instituciones permiten negociar una reestructura de pagos para liquidar, más cómodamente, la deuda.

7- Aprende el significado del CAT. El Costo Anual Total, CAT, es la suma de todos los gastos de un crédito, aquí se incluye la tasa de interés, comisiones, primas de seguro, entre otros.

Actualmente la mayoría de los créditos permiten realizar pagos anticipados directo a capital. ¿Qué quiere decir esto? Si realizas un pago adicional, éste se irá directo al monto de la deuda, lo cual irá reduciendo gradualmente los intereses que se pagan por ella.

En caso de que estés pagando varias deudas al mismo tiempo, hay dos estrategias para reducirlas y salir de ese problema.

1. Pagar anticipadamente, sin importar el monto que puedas aportar anticipadamente, cada peso ayuda. Supongamos que el monto de tu mensualidad es de mil pesos, así que cada mes trata de pagar al menos 100 pesos adicionales.

Puedes iniciar por "atacar" la deuda más pequeña, aquella a la que adeudes un menor monto. Además, anticipa los pagos en la medida de lo posible para liquidar lo antes posible. Una vez liquidada sigue con la siguiente deuda en tamaño y así sucesivamente hasta finalizar con la deuda más grande. De esta manera, no solo vas reduciendo el monto total que pagas mes con mes, sino que también es un buen truco psicológico, ya que te da la satisfacción de ver los resultados de tu esfuerzo, una meta cumplida, y eso te ayudará a mantenerte enfocado y seguir con el trabajo.

2. La otra estrategia es iniciar pagando la deuda que tenga los mayores intereses, es decir, el CAT más alto. Esta estrategia hace más sentido financiero, pero puedes tardar más en ver los resultados, lo cual puede resultar un poco desmotivante.

En cualquiera de estas dos estrategias, lo importante es reducir las deudas y ser más consciente al momento de adquirir una nueva, así te evitarás muchos dolores de cabeza. Las deudas no sólo merman tu economía, también son una causa de estrés, que afectan tu salud, eso sin contar las incesantes y molestas llamadas de los bancos para recordarte que debes de pagar.

Ten mucho cuidado al solicitar un préstamo, ya que últimamente se han popularizado las aplicaciones que se anuncian por redes sociales, por medio de las cuales puedes solicitar, desde tu celular, un préstamo en minutos, con requisitos mínimos. Incluso, las aplicaciones de comida a domicilio y transporte privado constantemente ofrecen un préstamo inmediato, sin informar de su costo y sus condiciones, provocando que muchas veces nos dejamos llevar por la emoción de la liquidez inmediata y lo aceptemos. Sin embargo, estos préstamos tienen más desventajas que ventajas, por ejemplo, estas aplicaciones tienen tasas de intereses absurdamente elevadas, de las cuales raramente se nos informan a menos que busquemos, con detenimiento, sus términos y condiciones. Sumado a ello, han habido muchas quejas de los usuarios respecto a los métodos de cobranza aplicados; algunas de las más populares van desde llamadas hostiles, uso de lenguaje altisonante, amenazas, visitas a domicilios personales o laborales para cobrar de maneras poco amistosas, hasta situaciones más preocupantes, como la filtración de datos personales o ciberataques. Al ser aplicaciones, se te solicita acceso a tus contactos y tu rollo fotográfico y, ¿qué daño podría hacer una institución financiera con esa información, verdad? Nada podría salir mal. Pues lamento informarte que las quejas por mal uso de la combinación de estos datos personales han sido muchísimas. Así que ten mucho cuidado, lo que aparenta ser barato podría salirte muy caro. Lo más recomendable es mantenerse fuera de deudas y más con estas "financieras".

¿Y cómo vamos a pagar el préstamo?
¡Pues con otro préstamo!

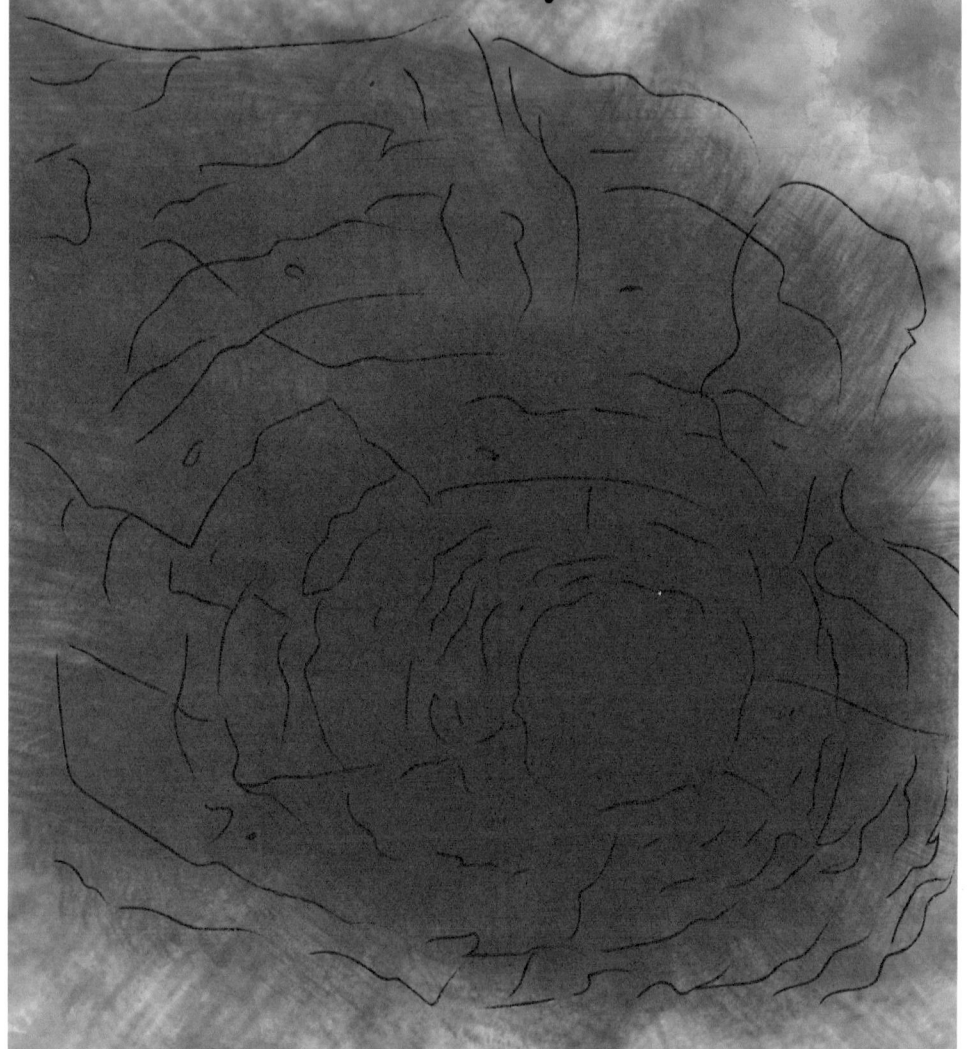

Querer salir de deudas con más deudas es como querer salir de un hoyo cavando más.

Jubilación, retiro y pensión

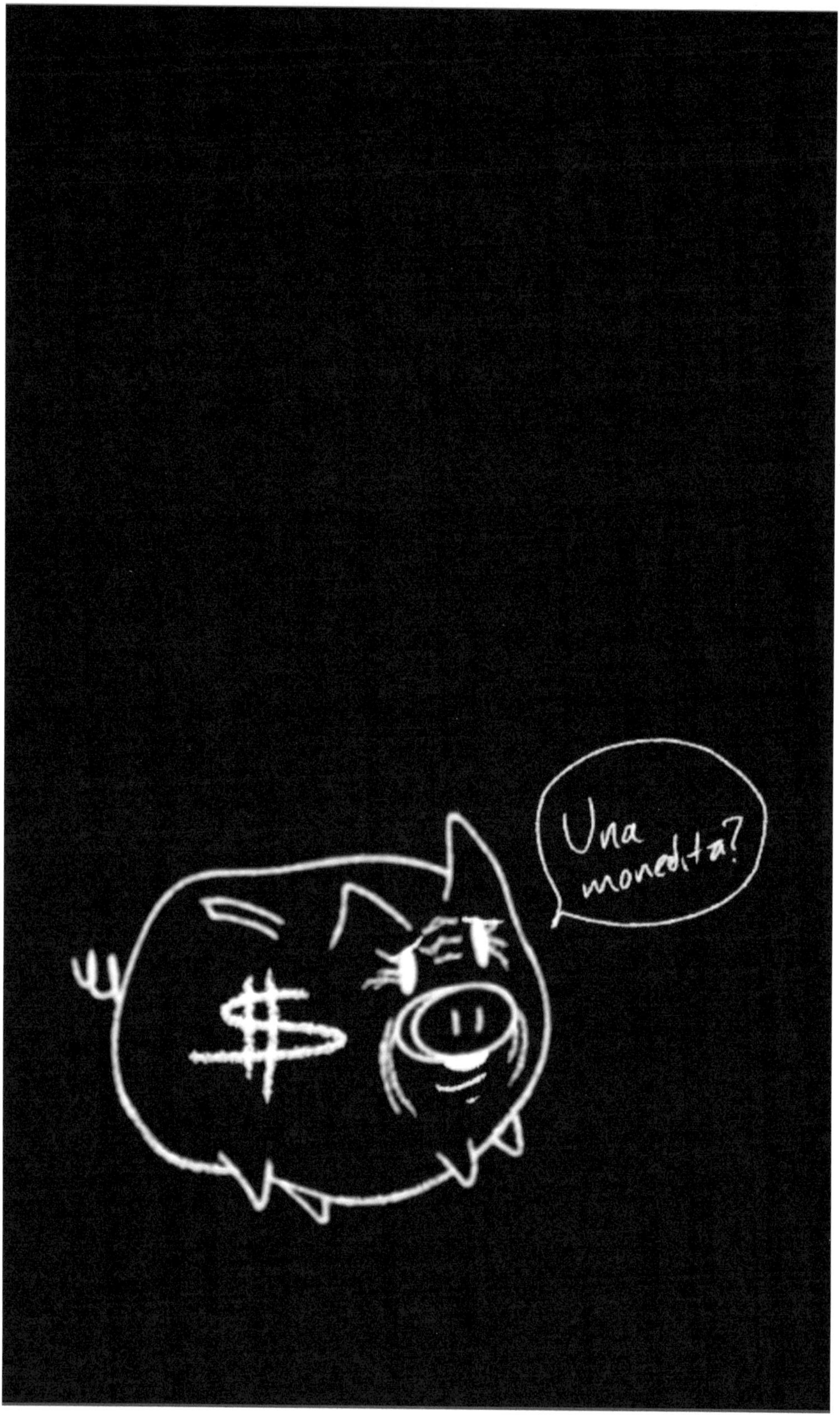
Una monedita?

Retiro, una palabra mágica que nos hace soñar en la recompensa de nuestros años de trabajo después de dedicarle 30 años, o más, de tu vida a una (o varias) empresas. Al llegar esta maravillosa etapa ya no tendrás que trabajar más y podrás dedicarte a disfrutar tus días. Un sueño, que lamentablemente, se convertirá en una pesadilla para todos los que empezamos a laborar después de 1997.

Seguramente habrás escuchado a personas mayores hablar de sus pensiones, pero realmente sabes de qué va esto. Después de ciertos años trabajando, o al llegar a los 65 años, los empleados tenían derecho a una pensión gubernamental -siempre y cuando hayan laborado de manera formal, es decir, dados de alta ante el Instituto Mexicano del Seguro Social (IMSS) y haciendo sus aportaciones correspondientes- esta pensión corresponde a un porcentaje del sueldo que percibían durante los últimos cinco años de su vida laboral. Mes con mes, durante el resto de sus vidas percibirán ese pago.

Pero todo cambió cuando la ley del 97 atacó. Con esta reforma a la ley, los trabajadores perdimos el derecho a ese pago vitalicio por nuestros arduos años de trabajo, el sistema de pensiones se volvió económicamente insostenible para el gobierno, así que hubo que buscar una alternativa. Y así es como nacen las AFOREs (Administradora De Fondos Para El Retiro).

¿Cómo funcionan las AFORE?

Mes con mes, se hacen aportaciones a tu cuenta de ahorro para el retiro. Estas aportaciones corresponden a un 6.5% de tu sueldo y se conforma de tres partes. El 5.5% es aportado por tu patrón, el 1.125% es aportado por ti y el otro 0.225% es aportado por el gobierno.

Este dinero se va a la cuenta de inversión de la AFORE en que estés dado de alta, donde la administradora tomará decisiones de inversión para generar rendimientos y que tu dinero crezca al paso del tiempo.

Durante tu vida laboral, tu dinero se acumulará y al momento de tu retiro recibirás el monto ahorrado.

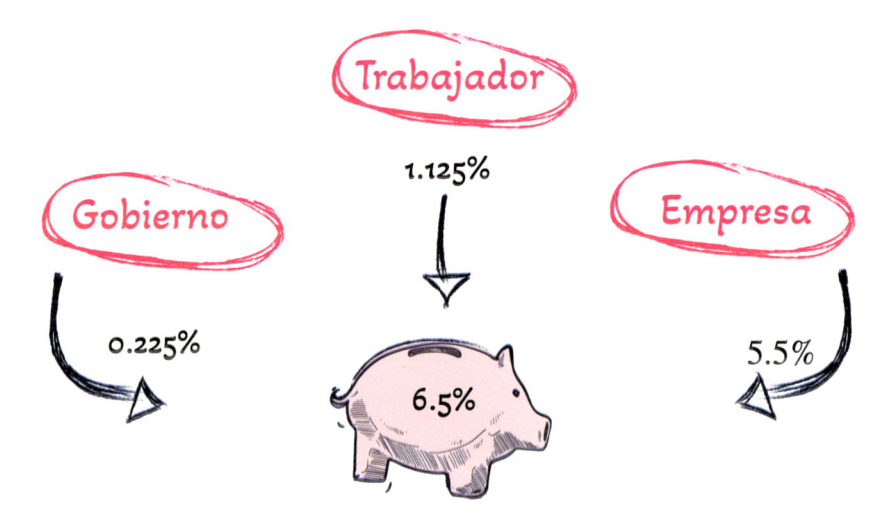

Por ley, cualquier trabajador que esté dado de alta en el IMSS o ISSSTE cuenta con una AFORE. Tu dinero se invierte por medio de una SIEFORE (Sociedad de Inversión Especializada en Fondos Para el Retiro) generacional, la cual es asignada de acuerdo a tu año de nacimiento y es el fondo especializado en el que se invierten tus recursos de acuerdo a la etapa de tu vida laboral, de acuerdo a los años que falten para tu retiro.

La CONSAR regula y vigila que los ahorros para el retiro estén seguros, supervisa la inversión con base en los parámetros establecidos, ordena el funcionamiento del sistema de ahorro para el retiro, asegura que la AFORE aporte toda la información de tu cuenta y sanciona el incumplimiento de cualquiera de estas normas.

Trabajador 1.125%, gobierno 0.225%, patrón 5.15%. Estos montos componen las aportaciones obligatorias, sin embargo, podemos realizar aportaciones voluntarias y así incrementar nuestro saldo en la cuenta de ahorro. Lo cual incluso genera un beneficio fiscal, podrás deducir hasta el 10% de tu ingreso anual o 5 UMA (lo que resulte menor) siempre que el dinero se mantenga en tu cuenta de ahorro hasta la jubilación, en caso de retirarlo anticipadamente deberás realizar el pago correspondiente de impuestos. Al momento de llegar a tu edad de jubilación recibirás el monto que hayas ahorrado durante tu vida laboral más los intereses generados a lo largo de ésta. Suena bastante prometedor, ¿no? El problema es que el monto ahorrado, apenas será equivalente a un porcentaje muy bajo de tu último sueldo, aproximadamente el 30%, y con eso se espera que vivas los siguientes 10 o 20 años de tu vida. Es realmente insuficiente para llevar una vida digna, mucho menos para mantener el nivel de vida prejubilación. Imagina de un día para otro recibir únicamente 30 pesos por cada 100, es un problema bastante grande que se avecina. Con un monto insuficiente para vivir, no quedará otra opción que salir a trabajar, en esa época dorada, donde deberíamos estar tranquilos y preocupándonos únicamente por disfrutar el fruto de nuestro trabajo. Ahora pregúntate de qué podrías trabajar a tus 65 años. Las opciones son reducidas, lamentablemente, por eso vemos tantos adultos mayores de empacadores voluntarios en los supermercados, despachando en gasolineras y trabajos similares, sin prestaciones, sin un sueldo fijo, únicamente a expensas de las posibles propinas. Sinceramente lo considero un futuro aterrador.

Mensaje social del día: Seamos empáticos con su situación y apóyalos cada que puedas.

AFORE	Indicador de Rendimiento Neto
Profuturo	6.29%
Inbursa	6.04%
XXI-Banorte	5.69%
SURA	5.69%
PensionISSSTE	5.42%
Principal	5.31%
Citibanamex	5.21%
Coppel	5.17%
Azteca	4.95%
Invercap	4.74%
Promedio Simple	5.45%
Promedio Ponderado**	5.51%

RENDIMIENTOS AFORES A NOVIEMBRE 2023

Siefore Adicional	Comisión 2024
Citibanamex	0.57
Profuturo	0.57
SURA	0.57
XXI Banorte	0.57
Promedio Siefores Adicionales	0.57

COMISIONES SIEFORE NOVIEMBRE 2023

Si no sabes en qué AFORE estás dado de alta o quieres saber el monto total que tienes ahorrado, puedes acceder a la app AFORE móvil, disponible para iOS y Android. Para darte de alta únicamente te pedirá tu CURP y una foto de tu identificación oficial. Dentro de la aplicación podrás conocer a fondo todos los detalles de tu ahorro para el retiro como el monto ahorrado, en qué AFORE estás dado de alta, las aportaciones voluntarias, el rendimiento, la pensión estimada al momento de tu jubilación, incluso puedes ver los programas por medio de los cuales agregarás aportaciones voluntarias mientras gastas.

Afore android

Afore iOS

DESCARGA TU APLICACIÓN ES MUY FÁCIL

AforeMóvil — Una aplicación para teléfonos inteligentes.

1 Descarga **AFOREMÓVIL**
La aplicación se encuentra disponible en: App Store, Google play

2 **Actívala**, ingresando tu **CURP**, tu número de **celular**, un **correo electrónico** y generando una **contraseña**.
¡Listo!

3 Es importante autenticarte en AFOREMÓVIL, para ello la aplicación te pedirá:
- **Fotografía de tu rostro** que deberás tomarte en el momento.
- **Identificación oficial.** (INE, Pasaporte, Matrícula Consular o Forma Migratoria)

¡Listo! Así de sencillo podrás comenzar a navegar por **AforeMóvil**.

Desafortunadamente, la pensión que se obtenga por medio de este ahorro no será suficiente para mantener el mismo nivel de vida que tenías durante la vida laboral. Adicionalmente, sólo está disponible para quienes trabajan de manera formal en una empresa y dados de alta ante el IMSS o ISSSTE, en el caso de los trabajadores gubernamentales, dejando desprotegidos a quienes trabajan por su cuenta, emprendedores, freelance, etc.

Pero no todo son malas noticias, puedes incrementar tu saldo, como comente antes, por medio de las aportaciones voluntarias, y no sólo eso, por medio de la app AFOREMóvil puedes realizar compras de productos y servicios que usas diariamente y en automático estos aportarán un monto a tu cuenta de ahorro, esto por medio de los programas Ganahorro y Millas para el Retiro. Así de sencillo como lo lees, por ejemplo, compras boletos para ir al cine y de esa compra un porcentaje se invierte en tu retiro. Aquí te dejo algunos ejemplos de los artículos que puedes comprar y sus respectivos beneficios (actualizados a enero 2024).

¿Cómo utilizar Millas para el retiro?

1. Accesa a la aplicación desde **Afore Móvil**

2.- Ingresa tu CURP y un correo electrónico, después crea un NIP de acceso.

3. Ingresa la tarjeta bancaria a la que se realizará el cargo del ahorro.

4. Podrás ingresar los datos bancarios de tu banca móvil para que a través de Paybook, se muestre tu gasto mensual y así realizar el cálculo de tu ahorro.

5. La App te presentará un seguimiento de las metas de ahorro establecidas con una representación gráfica.

6. Define el porcentaje que ahorrarás con relación al consumo realizado con tu tarjeta, así como el límite máximo. El monto mínimo es de $50 por semana.

7. El monto definido irá directamente a las aportaciones voluntarias de tu cuenta AFORE.

¡Descárgala ya y construye milla a milla el futuro que deseas!

Estas son algunas de las empresas, en las que podrás realizar compras, pormedio de las apps mientras aportas para tu AFORE

gandhi   **JRmóvil**   **airbnb**   **amazon**

La buena noticia es que existe otro producto, al que todos podemos acceder, sin importar el tipo de trabajo que desempeñamos: "PLAN PERSONAL DE RETIRO".

Plan personal de retiro

El PPR es un instrumento que puedes obtener por medio de tu banco o aseguradora. Igual que la AFORE, este instrumento te permite ir creando un ahorro voluntario, el cual será administrado por el fondo de inversión de forma que dé rendimientos durante el tiempo que tengas el dinero ahorrado. Este dinero se te entregará al final de tu vida laboral y algunos productos, incluso ofrecen adicionalmente un seguro de vida, desempleo o invalidez. La diferencia es que este producto únicamente contará con las aportaciones que hagas, pues no existen las aportaciones gubernamentales, ni patronales. De igual manera cuenta con el beneficio fiscal del ahorro voluntario para tu AFORE.

Puntos importantes a considerar antes de contratar un PPR:

1- ¿Cuál es el monto mínimo de inversión?

2- ¿Cuál es el plazo mínimo de la inversión?

3- ¿Qué eventualidades cubre en caso de una jubilación anticipada por enfermedad o accidente?

4- ¿En qué instrumentos invierte?

5- ¿Está cotizado en UDIS, pesos mexicanos, dólares de EUA?

6- ¿Qué nivel de riesgo tiene en sus inversiones?

7- ¿Te obliga a realizar las aportaciones mensuales o puedes abonar los montos que desees en los plazos que desees?

8- ¿Hay algún tipo de penalización si decides cancelar, retirar tu dinero o cambiar de producto?

9- ¿Qué comisiones cobra?

PPR vs AFORE. ¿Cuál es la mejor opción?

Como hemos visto, ambos instrumentos son bastante similares, ya que te ofrecen un ahorro para el retiro, generan rendimientos y ofrecen un beneficio fiscal. También ofrecen rendimientos similares y en ambos casos pagas una comisión al administrador por manejar tus recursos. Más allá de elegir entre uno y otro podrías combinarlos y obtener mayores beneficios. La mayor ventaja del PPR es que ofrecen seguros adicionales, como puede ser el seguro que te ofrecen en caso de invalidez (puede ser bastante útil en caso de un accidente o enfermedad que te jubile anticipadamente), el seguro de vida (en caso de fallecer, los pagos son para tus beneficiarios, además de ser un instrumento disponible incluso para los trabajadores que no cuenten con IMSS o ISSSTE.

Diversificar es una de las claves para ser exitoso como inversionista.

Hogar, ¿rentar o comprar? El eterno debate

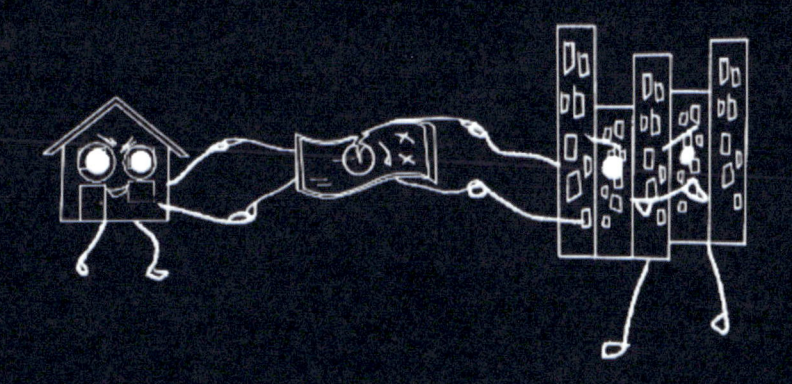

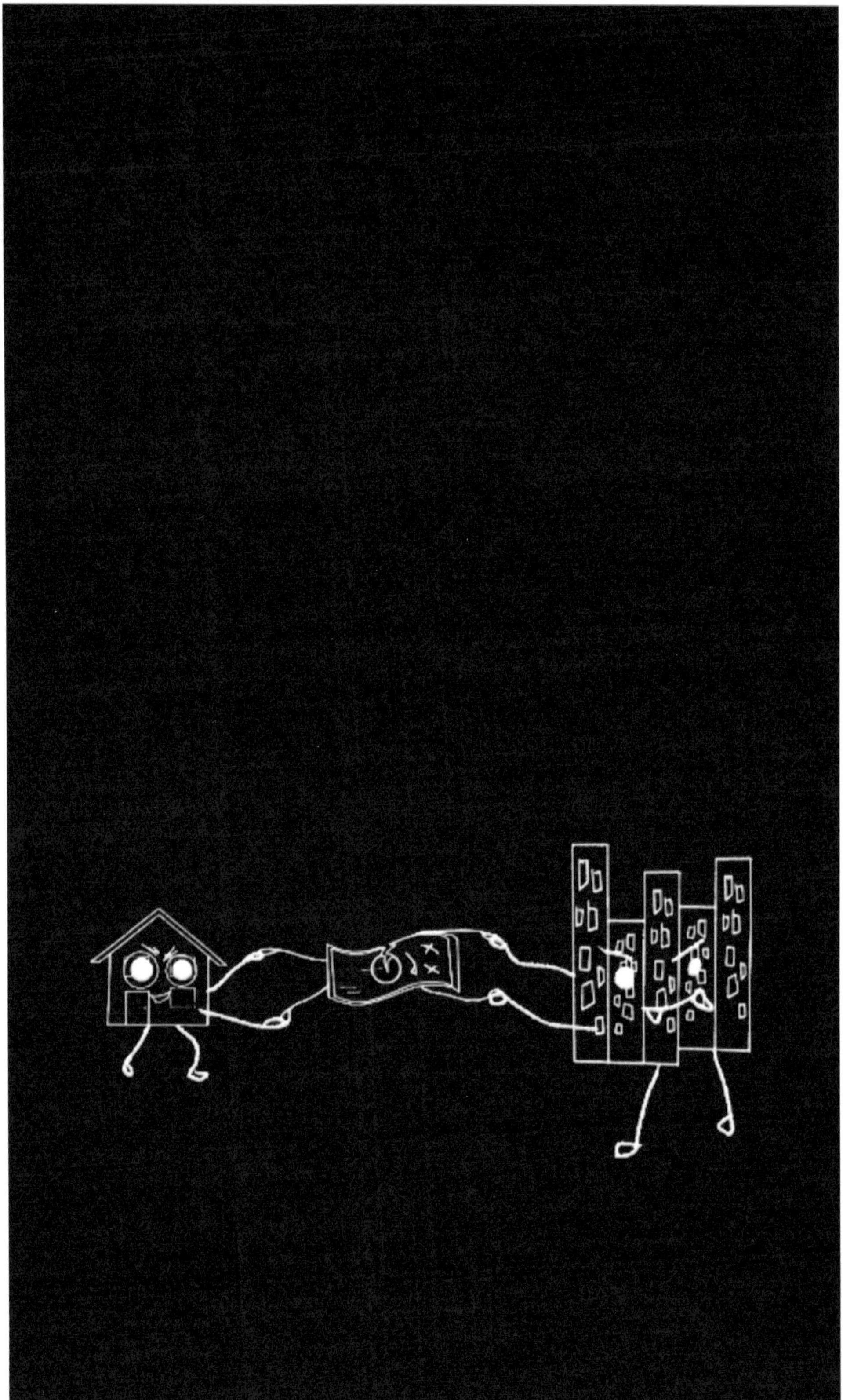

Al considerar las diferentes opciones de vivienda contamos con dos opciones: rentar o comprar. A menos que seas de los afortunados que han heredado una propiedad o tienen alguna propiedad familiar donde habitar sin tener que pagar el rentar o comprar son las únicas opciones viables, por ello vamos a desglosar las ventajas y desventajas de ambas opciones y es que muchas veces hemos escuchado ese famoso debate sobre cuál es mejor opción. Algunos de estos argumentos incluyen frases como "rentar es tirar el dinero a la basura, comprar es crear un patrimonio y tener algo propio" o "en caso de una crisis económica al menos tienes donde vivir, si no pagas tu renta te echan a la calle". Dentro de las frases anteriores hay algo de realidad, sin embargo, la mejor opción depende de los objetivos y estilo de vida de cada persona.

Si queremos comprar una propiedad, necesitamos un gran capital, ya sea que lo tengamos ahorrado o que necesitemos acceder a un crédito hipotecario para ello. Para la mayoría de las personas, un crédito hipotecario es la única opción con la que podremos acceder a una casa propia, obligándonos a pasar los siguientes 20 a 30 años pagando mensualmente a la institución financiera (banco, INFONAVIT, FOVISSTE) por el derecho a habitar nuestra casa, algo así como una renta. La ventaja en este supuesto es que al final del plazo, la propiedad será nuestra y no tendremos que pagar a nadie por el derecho de habitarla (únicamente el pago anual del impuesto predial).

La parte negativa de todo lo anterior, es que esos pagos generan intereses, los cuales son dinero tirado a la basura, ya que va directo a la institución financiera y no recibimos ni un solo beneficio de ello. Estos intereses incrementan considerablemente el precio que pagamos por nuestra propiedad y es que en ocasiones acabamos pagando dos o tres veces el valor original del préstamo.

Con datos a diciembre de 2023, en México, las tasas de interés por un crédito hipotecario rondaban entre el 9% y 12% anual dependiendo de la institución financiera. Basándonos en esta información, supongamos que adquirimos un crédito por una casa que vale 1 millón de pesos, por este crédito estaremos pagando, aproximadamente, 9,000 pesos mensuales (considerando una tasa anual de 9% en un crédito a 20 años). De esta cantidad, la mayor parte se va al pago de intereses y sólo un pequeño monto al pago del capital, generando que al final del crédito paguemos 2,160,000 pesos…más del doble del préstamo original. A esto debemos sumar el pago del enganche inicial que normalmente es del 20% del valor de la vivienda, sin embargo puede variar (200,000 pesos en el ejemplo de la propiedad de 1,000,000 pesos). También hay que agregar los gastos de escrituración, los cuales se pagan al adquirir el préstamo, y estos pueden pueden variar entre el 4% y el 6% del valor dependiendo el estado donde se efectúe la operación (40,000 pesos en este ejemplo). Año con año hay que pagar el impuesto predial y añadirle los costos de mantenimiento que al ser propietarios corren por nuestra cuenta.

Así que sumando todos los gastos y pagos, acabaremos pagando un total de 2,400,00 pesos por una propiedad con valor original de 1,000,000 pesos. ¡Más del doble! Ahora, si optamos por una opción a un plazo más largo, nuestro pago mensual se reduce a 8,000 pesos, aproximadamente, y el pago total incrementa a 2,935,000 pesos, casi un millón de pesos más, únicamente de intereses que le regalamos al banco.

También es necesario considerar que un crédito hipotecario es un compromiso a largo plazo, tanto con la institución que financia nuestra compra, como con el inmueble que adquirimos y es que imagina que quieres mudarte de ciudad, ¿qué harás con el inmueble? ¿Lo pondrás en renta? ¿Seguirás pagando por mantener una casa en la que no vives? ¿Venderás la propiedad para adquirir otra en tu nueva ciudad? Son muchas variables por considerar, mientras que una renta te permitiría tener mayor libertad ante estas situaciones. Analizando un poco más las opciones, lo más lógico en caso de que sea algo temporal o que quieras mantener tu propiedad será rentarla y así obtener un ingreso extra, lamentablemente con las tasas de interés actuales, difícilmente lograrás rentarla a un precio suficiente para cubrir la mensualidad del crédito, tendrás que seguir aportando de tu bolsa y, adicionalmente, pagar renta en tu nueva ubicación.

Considera que si decides vender, existe la posibilidad de no recuperar el monto invertido, ya que, aunque tengas buena plusvalía y la puedas vender a un precio más alto del que la adquiriste inicialmente, habrá que considerar los pagos que ya has realizado, además de tener que liquidar el crédito para poder entregarla al nuevo dueño, por lo cual no se garantiza que tendrás una ganancia, ni siquiera que recuperes lo que ya invertiste.

Ahora, ¿qué pasa si en algún momento de la vida del crédito no puedes cumplir con el pago de las mensualidades? No serás expulsado de la propiedad, al menos no de inmediato, pues recuerda que la propiedad sigue siendo de la institución financiera hasta que liquides el crédito en su totalidad. Lo que sucederá es que primero, tu préstamo generará intereses adicionales por morosidad, por lo que recibirás constantes llamadas del departamento de cobranza del banco recordándote que tienes uno o varios pagos pendientes. Dependiendo del plazo que te atrases, podría iniciarse un proceso judicial de cobranza, en el cual, se puede llegar a perder la propiedad y todos los pagos que se hayan realizado, esto sin contar con las obvias repercusiones de un mal historial crediticio.

Actualmente la mayoría de los créditos hipotecarios cuentan con un seguro de desempleo. Normalmente, este seguro cubre un periodo de 6 meses en caso de que pierdas tu fuente de ingresos, pero después de ese lapso deberás reiniciar tus pagos, aunque todavía no hayas conseguido un nuevo empleo. No todo son malas noticias, en defensa de la compra, podemos argumentar que al final del plazo tendremos la certeza de contar con algo propio, algo que al final de nuestras vidas podremos heredar a nuestros sobrevivientes, una certeza en caso de desempleo, y que tendremos la libertad de decorar y remodelar a nuestro gusto.

Adicionalmente, tu casa genera plusvalía. ¿Que qué es la plusvalía? Simplemente es el incremento de valor de tu propiedad al paso del tiempo; así que si decides vender después de 20 o 30 años podrás venderla en un valor mucho más alto del precio al que compraste. Es difícil calcular cuánto incrementará la propiedad en valor, ya que depende de muchos factores, como la ciudad en que se ubique, el desarrollo de la zona, si es una zona industrial y la cercanía a servicios como hospitales y escuelas. La parte mala es que para capitalizar esta plusvalía, es necesario vender tu propiedad, quedando nuevamente en el punto de inicio, sin casa. La plusvalía estará sujeta al mercado inmobiliario, así que tampoco tienes garantía de que ésta se incremente por encima del monto total que pagaste por el préstamo

Ahora analicemos las ventajas y desventajas de rentar. La primera ventaja es que el costo mensual será considerablemente más bajo que el pago de la mensualidad hipotecaria (considerando la misma propiedad, el pago por la renta puede llegar a ser tan bajo como la mitad de lo que pagarías por el préstamo hipotecario), además nos ahorramos el pago de intereses al banco, por lo cual a largo plazo también ahorramos dinero. Cuando rentamos no tenemos que cubrir los costos de mantenimiento, ni impuestos, ni enganche. Al rentar, nuestra única preocupación es el pagar a tiempo las mensualidades, pagar a la firma del contrato el depósito de seguridad o la póliza jurídica.

La mayor desventaja es que estamos expuestos a las decisiones que el propietario tome sobre su casa, incluyendo no renovar el contrato o terminarlo anticipadamente, además de no poder remodelar o redecorar la casa a nuestro gusto. En caso de que el propietario decida no renovar tu contrato deberás buscar una nueva opción, en muchas ocasiones con poco tiempo para realizarlo, además de que se le suman las molestias que esto implica, como es el tiempo que requiere invertir para buscar una nueva opción y la misma mudanza (personalmente considero que una mudanza es una de las labores más pesadas y molestas de la vida adulta, asi que evitaré tanto como sea necesario realizar una).

En caso de desempleo, aún tenemos que pagar la renta, lo cual no debería ser un problema si ya tenemos un presupuesto organizado y un fondo de emergencia debidamente creado, pero esto puede convertirse en un problema mayor al paso de los meses.

Por lo que vimos, comprar o rentar es una decisión muy personal que habrá que tomarla considerando lo que nos haga sentido financieramente, pero siempre es importante considerar todas las variables y las opciones existentes.

Y es que muchos de nosotros hemos notado que con nuestro sueldo parece ser casi imposible poder adquirir una casa propia, aun con un préstamo hipotecario y siendo sinceros, sí se ha vuelto más complicado, no eres tú, es el mercado inmobiliario. En la siguiente gráfica podemos ver el incremento del precio de la vivienda contra el incremento del ingreso anual, así que sí, las propiedades han incrementado su valor mucho más que los ingresos.

Crecimiento de los precios de la vivienda y del salario promedio de los trabajadores asegurados en el IMSS

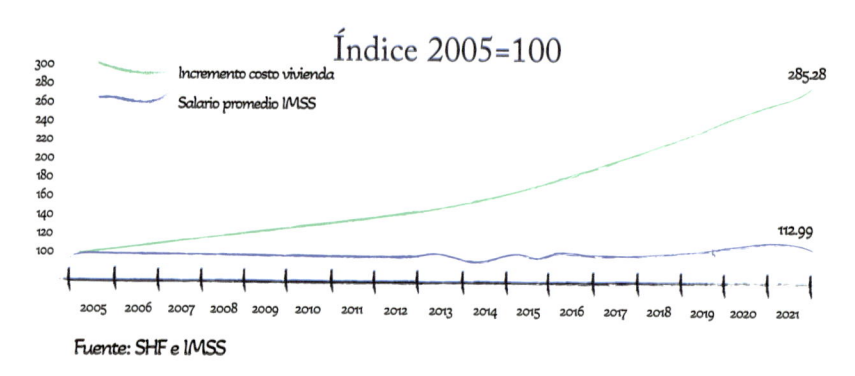

Índice 2005=100

Incremento costo vivienda: 285.28
Salario promedio IMSS: 112.99

Fuente: SHF e IMSS

Por medio del sitio web de CONDUSEF puedes comparar los créditos hipotecarios y sus costos en diferentes instituciones para que puedas tomar una decisión más informada. Para acceder a este miluador basta con que pongas en tu buscador web: "CONDUSEF CALCULADORA CREDITO HIPOTECARIO".

105

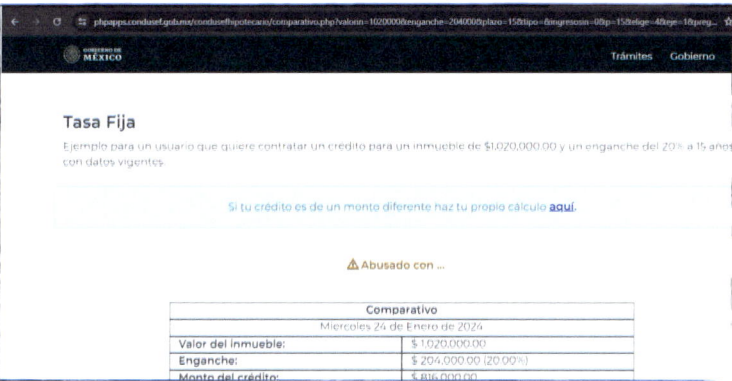

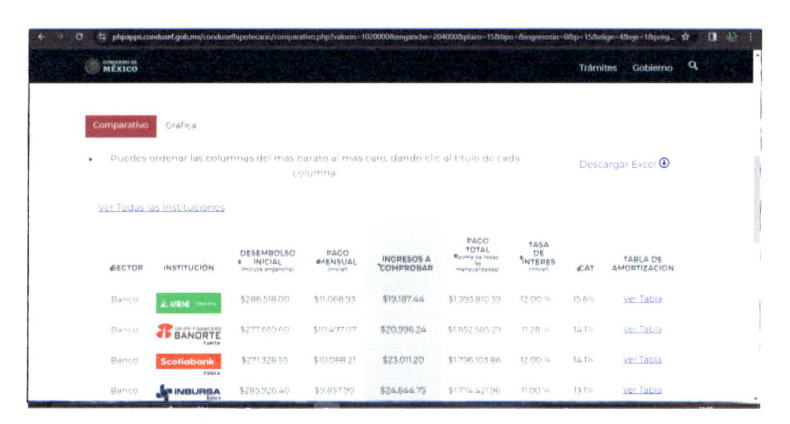

Fuentes de ingreso

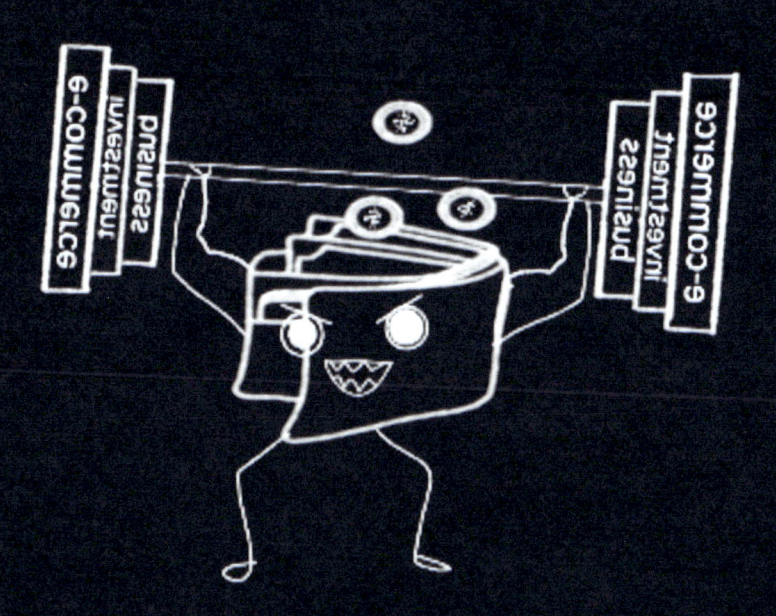

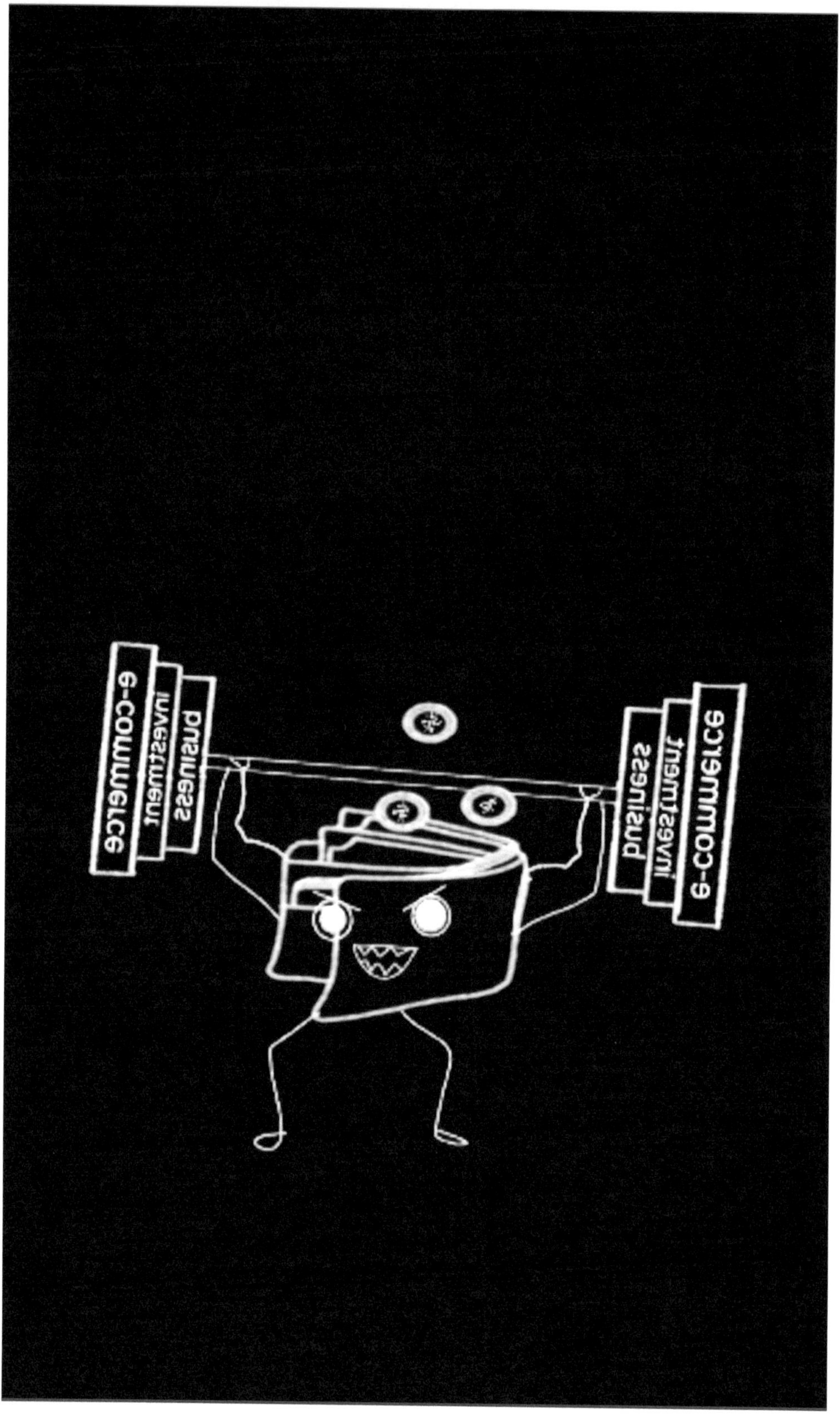
e-commerce
investment
business
e-commerce
investment
business

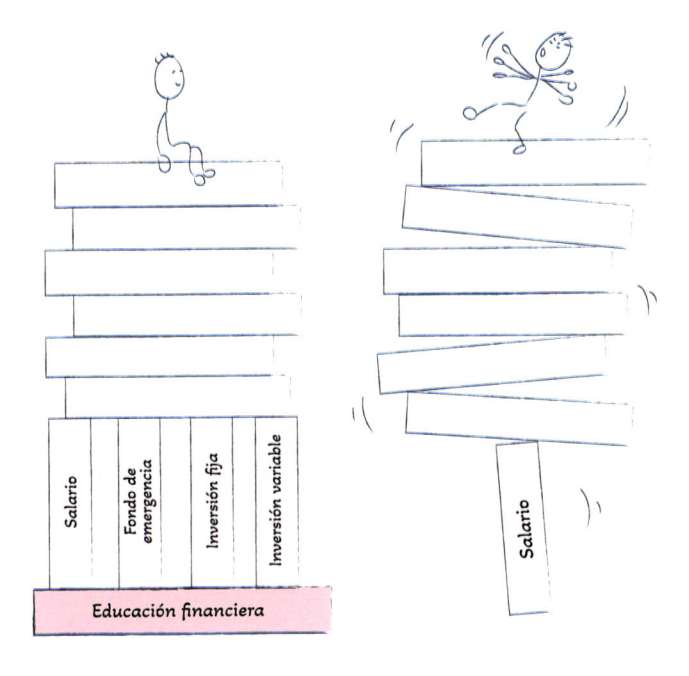

La mayoría dependemos únicamente de nuestro sueldo como ingreso pero, ¿qué pasaría en caso de que lo perdieras por cualquier razón? Siempre está la posibilidad de enfermarte, de un recorte de personal o de una quiebra (casos que vimos muy frecuentemente durante el 2020-2021) así que, ¿cómo puedes protegerte ante una situación así? Si bien ya hablamos de la importancia de crear un fondo de emergencia que te permita cubrir tus gastos por algunos meses, es importante que busques formas adicionales de hacer dinero, como una segunda, tercera o todas las fuentes de ingresos adicionales que puedas conseguir. Seguramente en este momento estás pensando algo como "ya tengo un empleo absorbente, trabajo 12 horas al día, más el tiempo de traslado, ¿cómo voy a tener otro trabajo?" La buena noticia es que no necesitas conseguir un segundo empleo para tener otra forma de ingreso, vivimos en una maravillosa época en la que el Internet puede ayudarte a conseguir ingresos que te tomen poco tiempo sin tener que descuidar tus actividades diarias. Piénsalo así, hay gente monetizando con su imagen en redes sociales, sí, una actividad diaria que todos hacemos puede monetizarse. Piensa en todo lo que compartes en tus redes sociales, todo el contenido que consumes, los videos y las imágenes, bueno, pues existe gente que cobra por hacer exactamente lo mismo. Si bien, tal vez no todos tenemos las habilidades necesarias para crear una imagen pública, podemos tomar a quienes lo hacen como ejemplo para pensar en cualquier opción para explotar nuestros talentos. Puedes aprovechar para vender artículos en las plataformas digitales, puedes compartir conocimientos a cambio de una compensación económica, importar productos y revenderlos, incluso vender esos artículos viejos que tienes en casa y que ya no usas, pero que pueden ser de valor para otros, ropa en buenas condiciones, la colección de CDs musicales o DVDs, puedes dedicar un poco de tu tiempo libre a la compra venta de coches, puedes invertir por medio de la bolsa en acciones que paguen dividendos (hablaremos más a detalle de esta opción en el siguiente libro), incluso si tienes un poco más de capital, una buena opción podría ser comprar una propiedad y ponerla en renta, esta opción es recomendable únicamente cuando cuentas con el capital para adquirir la propiedad sin la necesidad de un crédito, ya que una renta en CDMX es aproximadamente del 6% del valor de la vivienda, descontando todos los gastos que implica ser dueño y arrendatario, mientras que la tasa de interés está por encima del 9%, así que querer comprar una casa, rentarla y que el inquilino pague tu hipoteca es un poco complicado de lograr. Claro que hay casos en los que el mercado inmobiliario te permite lograrlo, pero estos casos son la minoría.

Visualiza tu economía como un mueble con cuatro patas,

imagina que cada pata representa una de tus fuentes de ingresos, si una falla, las otras tres podrán seguir sosteniéndolo, seguramente se tambaleará, pero no colapsará.

Mientras más fuentes de ingreso logres crear, más cómoda será tu vida y más pronto podrás alcanzar la libertad financiera, por ello, no dependas de una sola fuente de ingresos.

Bancos

Un banco es una entidad financiera que se dedica a recibir el dinero y administrarlo, colocando créditos e inversiones.

El concepto del dinero y el de una entidad que ayuda con su administración están muy relacionados. De hecho, este tipo de instituciones existen desde la antigua Mesopotamia, cuando se realizaban préstamos de granos para los agricultores.

Fue a finales de la Edad Media y a principios del Renacimiento que en Italia se formó la idea de los bancos y sólo después de la primera Revolución Industrial se transformaron en las instituciones que son ahora y que han continuado su evolución hasta incluso entregarte acceso a una cuenta de banco en línea.

¿Para qué sirven los bancos en tu día a día?

Los bancos tienen como actividad principal prestar todo tipo de servicios financieros relacionados con la administración del dinero, desde los depósitos bancarios hasta las inversiones.De forma un poco más específica, estos son algunos ejemplos de para qué sirve un banco en tu día a día:

- Transacciones bancarias. Los bancos funcionan como mediadores en todo tipo de movimientos de dinero, desde las compras, hasta las transferencias. Todo este detalle lo puedes revisar en tu estado de cuenta.

- Resguardo de dinero y valores. Muchos bancos entregan cuentas de ahorro y ese dinero requiere de resguardo. Además del cuidado del efectivo, algunas sucursales bancarias ofrecen hacer la protección de valores.

- Préstamos y créditos. Los bancos tienen los sistemas necesarios para hacer préstamos de todo tipo, tanto a personas físicas como a empresas. Gracias a esta capacidad pueden entregar financiamientos de forma que quien solicite el préstamo pueda usar el dinero para cumplir sus metas. Para las empresas, un banco puede ser una muy buena opción de apalancamiento para potenciar su crecimiento.

- Inversiones. Es posible contratar casi cualquier producto de inversión, además una vez que se haya capitalizado, puedes enviar el dinero a una cuenta segura. También podrás elegir entre una gran variedad de opciones, siempre contemplando cuál es aquella inversión que mejor se ajusta a tus necesidades.

- Productos para empresas. Un banco es uno de los aliados más importantes que tiene una empresa, pues a través de una institución de este tipo, una compañía puede solicitar financiamiento, hacer el pago de nómina a sus empleados y sacar el máximo provecho de servicios para negocios como el factoring y el leasing.
Además, la administración del dinero con el que cuenta la

empresa se puede hacer fácilmente abriendo una cuenta de banco.

- Seguros. Los bancos ofrecen todo tipo de pólizas; a través de un banco puedes contratar un seguro de vida, de gastos médicos, educación, para el auto o para tu hogar.

Básicamente y en resumidas palabras, los bancos te ayudan a gestionar tu dinero. Al saber para qué sirven los bancos, tendrás claridad de cómo resuelven las distintas necesidades que puedes tener con la gestión de tu dinero, pero además cuentan con una amplia gama de productos que te ayudarán en diferentes áreas, ya sea con la administración de tu presupuesto personal, con tus ahorros, tus inversiones o con el pago de cuentas.

Además, si tienes una empresa, puedes acceder al financiamiento que necesita para continuar con su crecimiento.

Como puedes ver, los bancos cumplen un rol fundamental en la sociedad, como entidades que te permiten ahorrar, invertir, pagar, transferir dinero y gestionar tus recursos. ¿Te imaginas cómo podrías realizar todas estas operaciones si no existieran?.

¿Cuál es el futuro de los bancos?

Ahora que ya conoces para qué sirven los bancos, debes saber que como instituciones responsables del dinero de muchas personas, estas instituciones se modernizan de forma continua para entregar mejores servicios, seguridad y rapidez. Por ejemplo, pasaron de anotar las operaciones de sus clientes en pizarrones dentro de las sucursales a llevar un registro computarizado de todas las cuentas.

Con la llegada del Internet, los bancos se percataron de las ventajas que esta tecnología aportaba a su negocio y actualizaron sus sistemas para ser capaces de entregar sus diversos servicios de forma digital. De hecho, hoy puedes realizar cualquiera de las transacciones bancarias antes mencionadas de forma remota, con Apps y plataformas digitales, sin que tengas que poner un pie en una sucursal.

¿Cómo ingresar a la banca digital?

Si no has abierto una cuenta de banco, puedes acudir a una sucursal o hacerlo directamente desde Internet.

Por medio de una cuenta digital, podrás ser parte de un ecosistema financiero que te ayudará a ordenar tu presupuesto, realizar tus transacciones en línea, ahorrar tiempo y gestionar tus finanzas fácilmente desde cualquier lugar.

Cuando ahorras en un banco, tu dinero está protegido por el seguro IPAB hasta por 400 mil UDIS (aproximadamente 3 mdp a enero de 2024).

Sociedades Financieras Populares (SOFIPO)

Una SOFIPO funciona de manera muy similar al banco y comparten muchos objetivos en común. La principal diferencia entre una SOFIPO y un banco tradicional es que las

SOFIPOS no tienen fines de lucro y su creación está destinada a sectores vulnerables de la población. Con la llegada de las nuevas tecnologías, ahora contamos con un tipo nuevo de instituciones bancarias. Las FINTECH (Finance and Technology) buscan digitalizar la banca al 100%, logrando que ahora puedas abrir una cuenta, solicitar una TDC y operar tu dinero desde tu teléfono móvil, sin necesidad de acudir a una sucursal.

Las SOFIPO están reguladas por la CNBV y por la CONDUSEF. Ellas, al igual que los bancos tradicionales, te ofrecen rendimientos por tener tu dinero con ellas (los cuales son mucho más atractivos), recompensas en sus tarjetas de crédito y diferentes opciones de inversión. Recuerda siempre verificar los términos y condiciones de cada una antes de invertir tu dinero. Recuerda que el rendimiento no lo es todo.

Tu dinero está seguro con ellas, ya que tus ahorros están protegidos por el seguro PROSOFIPO, hasta por 25,000 UDIS (aproximadamente 180,000 pesos en enero de 2024). El monto que exceda esta cantidad queda fuera de la protección en caso de algún problema o bancarrota de la SOFIPO, así que tómalo en cuenta al momento de invertir.

SOFIPO	BANCO
Se enfocan en sectores populares que no acceden al mercado financiero.	*Se concentran en áreas urbanizadas y clientes bancarizados.*

SOFIPO	BANCO
No tienen ánimo de lucro.	Tienen ánimo de lucro.
Cuentan con un seguro de hasta 25 mi UDIS por cliente.	Poseen un seguro de hasta 400 mil UDIS por cuenta.
Son regulados por la CNBV y requieren un dictámen para operar.	La CNBV y el Banco de México autorizan sus operaciones.

Inflación

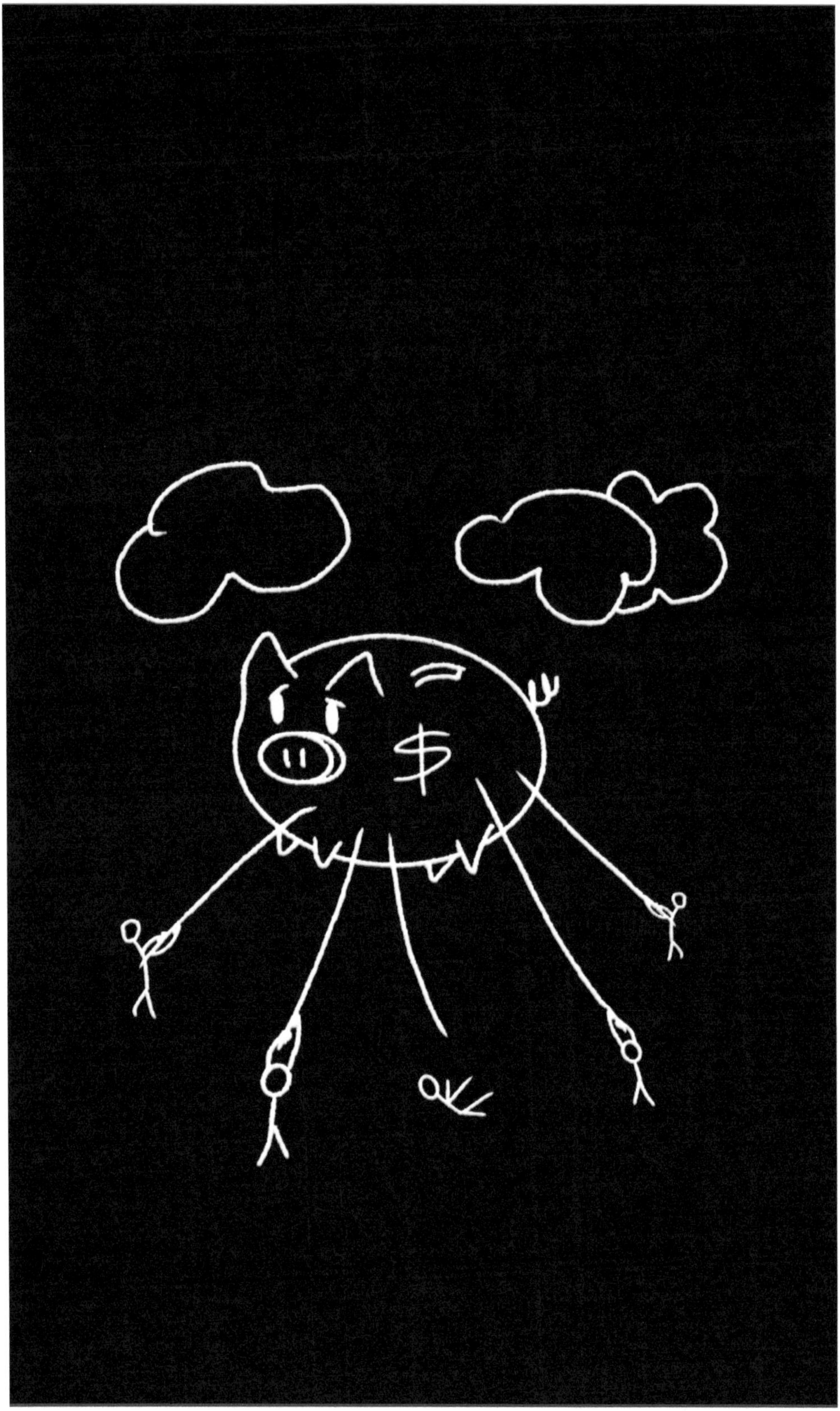

$500

2000

$500

2010

$500

2020

Es momento de hablar de este silencioso asesino de tu dinero, la inflación. Por definición la inflación es el incremento generalizado en el costo de productos y servicios, o la pérdida del poder adquisitivo al paso del tiempo. Pero dejando de lado las definiciones técnicas, la inflación tiene un efecto en nuestro dinero y es que va desapareciendo poco a poco. ¿Recuerdas la constante queja de las personas mayores de que en su época todo era mucho más barato y con 10 pesos podían comprar todos los víveres semanales y hasta les sobraba cambio? Tal vez no estén tan alejados de la realidad y es que en efecto, en años anteriores podías hacer mucho más con menos dinero. Lamentablemente no se puede hacer nada para evitar que los precios incrementen y el dinero que tienes guardado en el banco y abajo del colchón pierda valor, pero sí puedes proteger ese dinero de los efectos de la inflación. ¿Cómo? Invirtiendo. Debemos buscar instrumentos y opciones que nos permitan tener mejores rendimientos para vencer a la inflación, porque el dinero guardado en el banco seguirá perdiendo valor, a pesar de que paguen cierto interés por tenerlo en tu cuenta de ahorros.

Los CETES pueden ser una buena opción para ahorrar tu dinero, ya que uno de sus objetivos es, precisamente, el de mantener el valor de tu dinero al paso del tiempo, por lo cual sus tasas están altamente relacionadas con la inflación. Definitivamente, no te harás millonario por invertir en CETES, pero tu dinero estará mejor que en el banco o guardado en efectivo.

Por el contrario, si buscas crecer tu patrimonio, es necesario invertir y una de las maneras más efectivas que existe es hacerlo por medio de la Bolsa de Valores.

Inflación anual en febrero

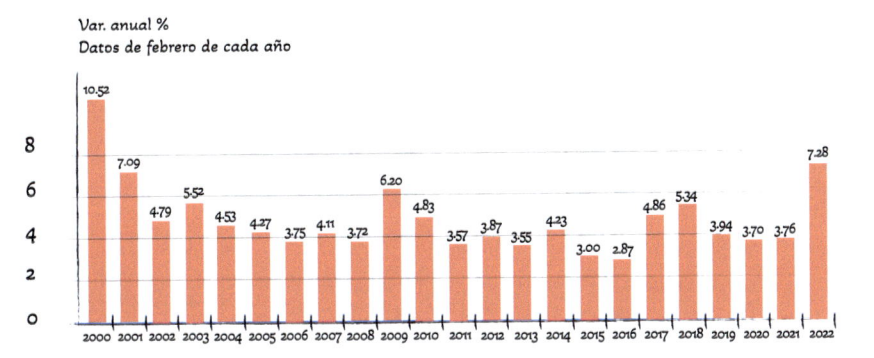

Var. anual %
Datos de febrero de cada año

Año	%
2000	10.52
2001	7.09
2002	4.79
2003	5.52
2004	4.53
2005	4.27
2006	3.75
2007	4.11
2008	3.72
2009	6.20
2010	4.83
2011	3.57
2012	3.87
2013	3.55
2014	4.23
2015	3.00
2016	2.87
2017	4.86
2018	5.34
2019	3.94
2020	3.70
2021	3.76
2022	7.28

Fuente: Inegi

Interés compuesto

El interés compuesto
es la octava maravilla
del mundo.
Aquel que lo comprende
lo gana...
Aquel que no, lo paga!

—Albert Einstein

El interés compuesto
es la octava maravilla
del mundo.
Aquel que lo comprende
lo gana...
Aquel que no, lo paga!

—Albert Einstein

Al realizar una inversión recibes un pago, una ganancia, un interés. Esto es llamado interés simple y es el interés que se paga sobre el capital invertido.

Ahora, cuando reinviertes tu capital, y por lo mismo tus intereses generados, creas nuevos intereses que generarán más intereses que generan más intereses y así sucesivamente.

EL INTERÉS COMPUESTO SON LOS NUEVOS INTERESES GENERADOS SOBRE LOS INTERESES PREVIAMENTE GENERADOS. A esto también se le conoce como efecto bola de nieve, que por propio impulso el interés va haciéndose cada vez más grande. Pero en este caso, ¿son los intereses sobre los intereses de los intereses sobre los intereses de los intereses…? ¿Cómo podemos acceder a este efecto y beneficiarnos de él? Muy sencillo, reinvierte constantemente tus ganancias. Así le permitirás a tus inversiones crecer exponencialmente y mientras más tiempo mantengas invertido el dinero, mayores serán tus ganancias.

Esta es la herramienta más poderosa para crecer tu capital, así que no la desaproveches.

> El interés compuesto son los nuevos intereses generados sobre los intereses previamente generados (el interés del interés del interés) es por ello se le conoce como efecto bola de nieve.

En la siguiente imagen podemos ver el crecimiento de tu dinero, suponiendo que ahorres mil pesos mensuales, con una ganancia promedio de 10% anual (rendimiento histórico del índice SP500). Nota como el dinero ahorrado crece lentamente, mientras el dinero invertido crece exponencialmente y mientras mayor es el plazo, mayores los beneficios. Hablaremos más a detalle de como crear esta estrategia en el paso 2 de esta trilogía.

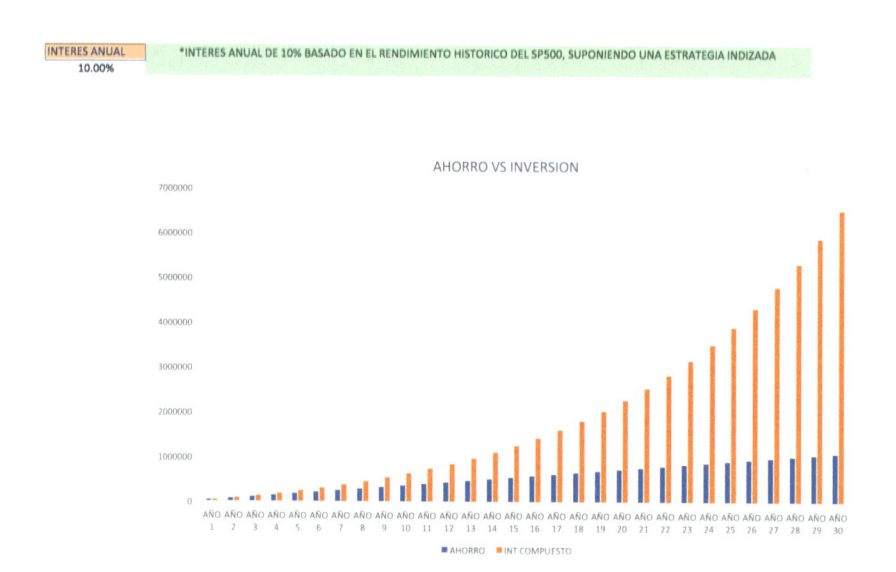

INTERES ANUAL	*INTERES ANUAL DE 10% BASADO EN EL RENDIMIENTO HISTORICO DEL SP500, SUPONIENDO UNA ESTRATEGIA INDIZADA
10.00%	

AHORRO VS INVERSION

(Gráfica de barras comparando AHORRO vs INT.COMPUESTO a lo largo de 30 años)

INVERSION INICIAL	$1,000
APORTE MENSUAL	$1,000

	AHORRO	INT COMPUESTO
AÑO 1	$13,000	$14,300
AÑO 2	$25,000	$28,930.00
AÑO 3	$37,000	$45,023.00
AÑO 4	$49,000	$62,725.30
AÑO 5	$61,000	$82,197.83
AÑO 6	$73,000	$103,617.61
AÑO 7	$85,000	$127,179.37
AÑO 8	$97,000	$153,097.31
AÑO 9	$109,000	$181,607.04
AÑO 10	$121,000	$212,967.75
AÑO 11	$133,000	$247,464.52
AÑO 12	$145,000	$285,410.97
AÑO 13	$157,000	$327,152.07
AÑO 14	$169,000	$373,067.28
AÑO 15	$181,000	$423,574.01
AÑO 16	$193,000	$479,131.41
AÑO 17	$205,000	$540,244.55
AÑO 18	$217,000	$607,469.00
AÑO 19	$229,000	$681,415.90
AÑO 20	$241,000	$762,757.49
AÑO 21	$253,000	$852,233.24
AÑO 22	$265,000	$950,656.57
AÑO 23	$277,000	$1,058,922.22
AÑO 24	$289,000	$1,178,014.45
AÑO 25	$301,000	$1,309,015.89
AÑO 26	$313,000	$1,453,117.48
AÑO 27	$325,000	$1,611,629.23

Inversiones

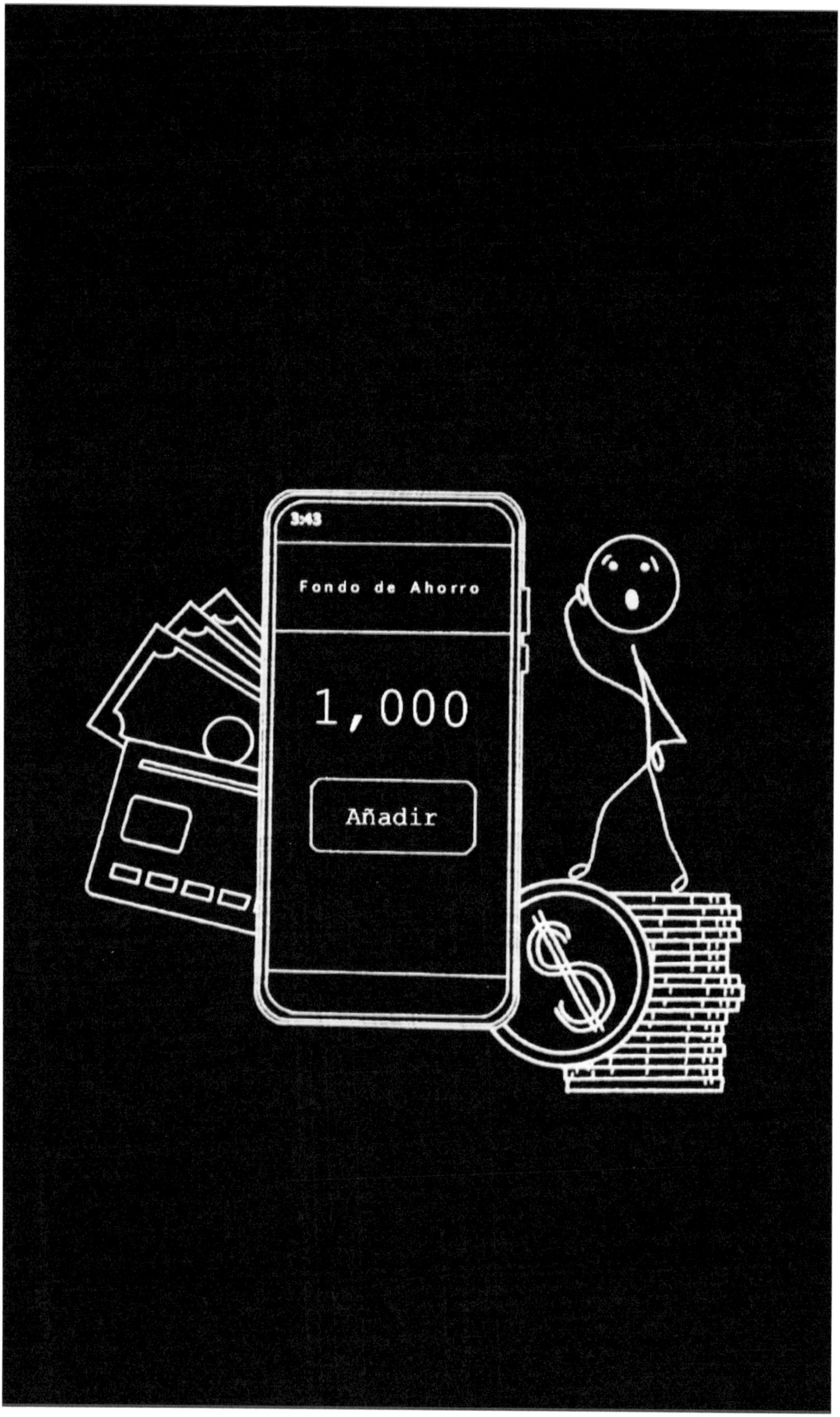
3:43
Fondo de Ahorro
1,000
Añadir

Afortunadamente, vivimos en una maravillosa época donde puedes ingresar al mundo bursátil global desde la comodidad de tu hogar por medio de tu dispositivo móvil, tablet o computadora. Gracias al avance tecnológico han llegado más comodidades, no solamente el poder invertir desde donde estés, sino también se han democratizado las opciones de inversión. Actualmente existen muchas casas de bolsa disponibles y puedes abrir una cuenta de inversión con un monto tan bajo como 1000 pesos.

Así que derribemos algunos mitos que giran en torno a este tema. Uno es que las inversiones son solamente cosas de millonarios. La realidad es que todos podemos hacerlo y lo mejor es que la mayoría de las acciones disponibles en el mercado mexicano cotizan por debajo de los 100 pesos. Así que aprovecha las herramientas que la era digital pone a tu alcance.

Otro mito es la complejidad para abrir una cuenta. Esto es falso. Puedes abrir una cuenta en una casa de bolsa o en CETES en menos de 10 minutos desde la comodidad de tu casa. Solamente debes ingresar tus datos, realizar una transferencia (en algunas casas de bolsa puedes iniciar tu cuenta con mil pesos) y estarás listo para empezar a invertir.

De la misma manera, puedes usar las herramientas disponibles para verificar la legalidad de las empresas en que pretendes poner tu dinero. Además, puedes consultar las diferentes regulaciones que le aplican y si las está cumpliendo adecuadamente.

Lamentablemente con el avance de las tecnologías, también han avanzado los estafadores. Constantemente existirán personas intentando quitarte tu dinero, por favor, no caigas en sus manos. Normalmente estas personas intentan aprovecharse del desconocimiento o falta de información de la víctima, prometiendo rendimientos grandiosos y se aprovecha de la avaricia de la víctima por hacer dinero rápido y fácil. Recuerda que EL DINERO RÁPIDO Y FÁCIL NO EXISTE.

Renta fija
vs
renta variable

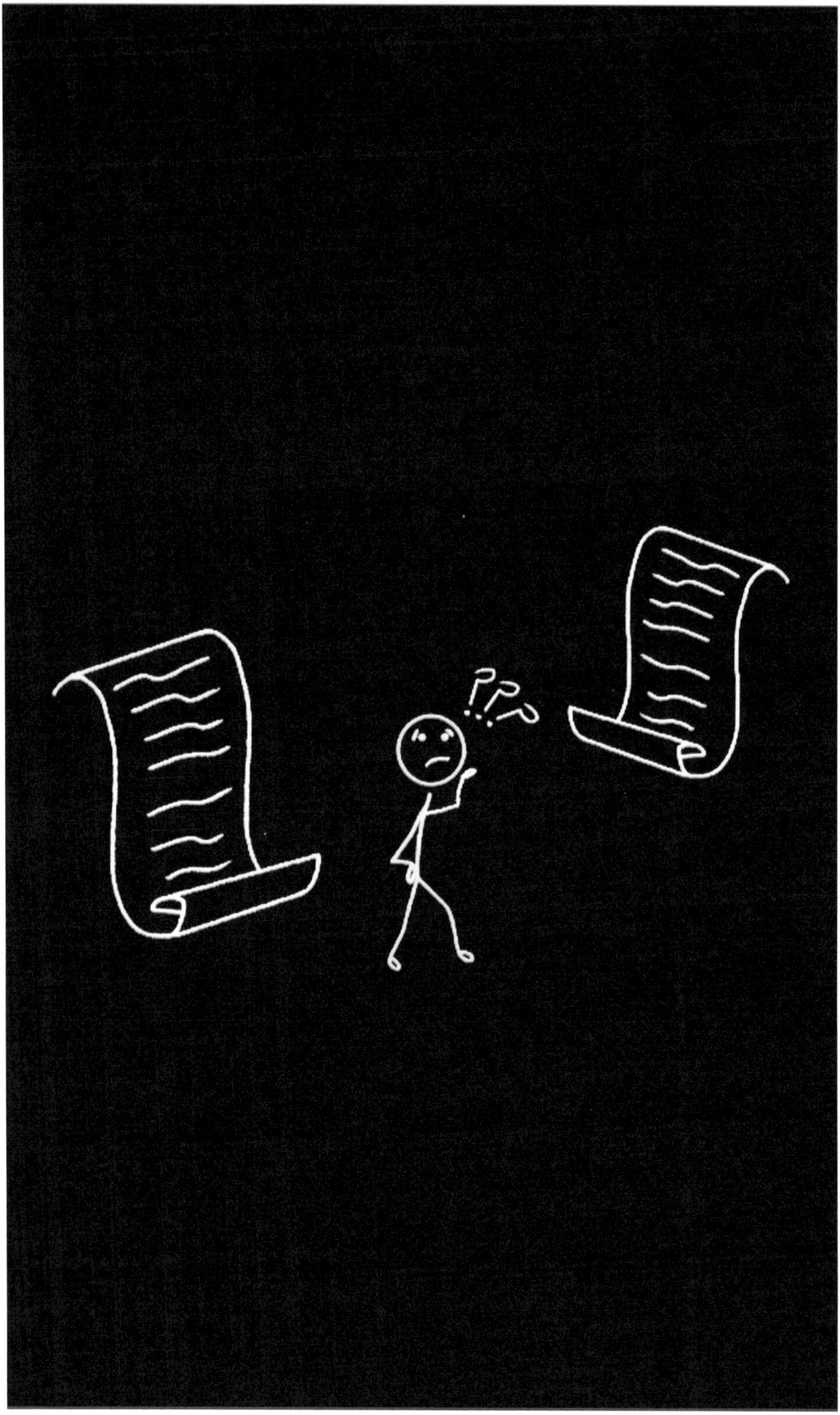

Tenemos a nuestra disposición una gran cantidad de instrumentos a elegir para iniciar nuestro viaje como inversionistas. La tarea puede parecer abrumadora, pero se puede simplificar al clasificarlos en dos grandes grupos: renta fija y renta variable.

EN LOS INSTRUMENTOS DE RENTA FIJA SABEMOS CON CERTEZA CUÁL SERÁ EL INTERÉS O EL BENEFICIO QUE SE NOS PAGARÁ POR NUESTRA INVERSIÓN.

Cuando se realiza una inversión, se pacta el rendimiento y éste deberá cumplirse sin importar las condiciones del mercado. Normalmente en estos instrumentos también se fija un periodo de vigencia para recuperar la inversión y su debida ganancia. Algunos ejemplos de esto son los fondos de inversión que nos ofrecen las instituciones bancarias o los bonos gubernamentales.

Por otra parte, **EN LOS INSTRUMENTOS DE RENTA VARIABLE, NUESTRO RENDIMIENTO ES INCIERTO HASTA EL DÍA QUE SE LIQUIDE LA INVERSIÓN.** Durante ese tiempo habrá múltiples factores que podrán afectar el posible rendimiento de nuestra inversión como las noticias, la inflación o las condiciones financieras globales. El mejor ejemplo de este tipo de instrumento es al invertir en acciones de empresas por medio de la bolsa de valores. Recuerda que al invertir en la bolsa no estás apostando y no es cuestión de suerte, te estás convirtiendo en dueño de una pequeña fracción de una gran empresa, así que trátalo como tal y no esperes volverte millonario de un día para el otro.

Como en todo buen negocio, se debe entender que habrá temporadas más rentables que otras, pero el largo plazo es la clave del éxito en este negocio. En este caso el precio tendrá variaciones diarias debido a múltiples factores. A estas variaciones del precio se les conoce como volatilidad y es la que determinará tus rendimientos.

La gran diferencia entre un casino y la bolsa es que en esta última tendrás más probabilidades de ganar si pasas más tiempo en ella.

> En los instrumentos de renta fija, sabemos con certeza cuál será el interés o el beneficio que se nos pagará por nuestra inversión (cuentas bancarias, bonos gubernamentales, etc). En los instrumentos de renta variable, nuestro rendimiento es un misterio hasta el día que liquidemos nuestra inversión (bolsa de valores, emprendimientos, etc).

Bonos
gubernamentales

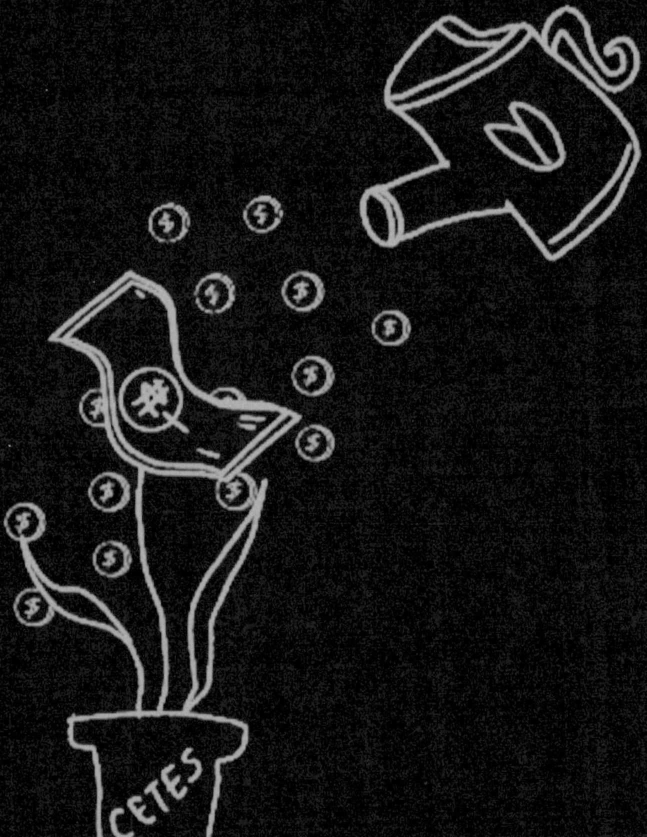
CETES

CETES

Los Certificados de la Tesorería de la Federación o CETES, para los conocedores, son un instrumento de inversión, emitido y respaldado por el gobierno de México, lo que los convierte en el instrumento más seguro disponible en el mercado mexicano y es, incluso, conocido como la tasa libre de riesgo.

Al adquirir CETES estás prestando dinero al gobierno mexicano, quien a cambio te paga un interés por tu dinero. Desde antes de invertir tu dinero, tú podrás conocer el interés al ser pagado, por lo cual es un instrumento de renta fija.

Normalmente el pago recibido será bastante cercano a la inflación anual reportada, en algunas ocasiones por encima y en algunas otras será ligeramente por debajo. Entonces, ¿por qué invertirías en un instrumento que está apenas superando a la inflación? Por varias razones. Primero, te ofrece plazos de inversión de 1, 3, 6, 12 y 24 meses, con lo que puedes tener una disponibilidad para el momento que elijas. Segundo, es ideal para todas aquellas metas de corto plazo (el viaje a la playa del próximo año, el coche nuevo en dos años, el pago de la boda), volviéndolo una excelente forma de ahorrar y proteger el dinero de la inflación; además gracias a los distintos plazos que ofrece, lo vuelve el instrumento ideal para invertir en nuestro fondo de emergencia. Tercero, tu dinero siempre estará mejor que en la cuenta bancaria y, como se mencionó anteriormente, es la inversión más segura, pues el único escenario en que no se pagaría el capital y sus respectivos intereses, sería en caso de una quiebra total del país o en caso de algún conflicto bélico.

¿Cómo empezar a invertir en CETES?

Iniciar tu camino como inversionista por medio de CETES es muy práctico. Solamente necesitas entrar a CETES DIRECTO de NAFIN y crear una cuenta, esto puedes hacerlo desde la app móvil o por medio de la versión web. Para crear una cuenta te pedirá algunos datos personales como nombre, domicilio, RFC y e.firma (en caso de no contar con e.firma, podrás invertir, pero tu cuenta estará topada a depósitos mensuales menores a 3,000 UDIS, aproximadamente 23,900 pesos en enero de 2024).

Una vez creada la cuenta, se te asignará una CLABE interbancaria con la cual podrás transferir dinero vía SPEI desde tu cuenta de banco a tu cuenta de CETES. Cabe recalcar que esta es la única forma de fondear tu cuenta CETES, por medio de SPEI y la cuenta de origen debe estar a nombre del titular de la cuenta CETES, así mismo para realizar retiros. Cuando se envían recursos a la cuenta de CETES se asignan en bonos de disponibilidad diaria llamados BONDDIA, los cuales ya están generando rendimientos, así que para maximizar las ganancias hay que elegir alguna de las opciones de plazos que se ofrecen y cada una tendrá una diferente tasa de rendimiento (todos los rendimientos son considerados anualmente, sin importar el plazo en que se elija invertir, en las temporalidades más bajas se pagará el porcentaje proporcional al plazo de la inversión).

Al finalizar el periodo elegido para tu inversión en CETES, el capital inicial junto con los intereses generados regresará

a BONDDIA, donde continuará generando intereses, hasta que decidas realizar un retiro o una nueva inversión.
La mayor ventaja de invertir directamente en CETES es que no se cobra ningún tipo de comisión por el uso de la plataforma y por los intereses generados únicamente pagaremos 0.97% de impuestos, los cuales serán retenidos automáticamente, así que tu pago ya viene libre de impuestos.

Algunas instituciones financieras ofrecen fondos de inversión en CETES, pero estos no son convenientes, ya que en caso de contratarlos tendrás que pagar una comisión a la institución por su administración. Literalmente estarías regalando dinero al banco por hacer algo que podrías hacer tú mismo de manera sencilla.

¿Cuáles son las mayores ventajas de invertir en CETES?

1-ES UNA INVERSIÓN DE MUY BAJO RIESGO.

2-ES IDEAL PARA INVERTIR EL FONDO DE EMERGENCIA.

3-TIENE DISPONIBLES PLAZOS DE 1, 3, 6, 12, 24 MESES.

BONOS, UDIBONOS

Estos son otro tipo de instrumentos que se encuentran en la plataforma de CETES Directo. Al igual que sucede con los CETES, con los BONOS y UDIBONO le prestamos dinero al gobierno mexicano, por lo cual también son inversiones de bajo riesgo. De la misma manera conocemos la tasa de rendimiento desde la compra, ésta es una tasa anual que se pagará año con año durante la vida del bono. A diferencia de los CETES, estos instrumentos tienen plazos más largos de 3, 5, 10, 20, 30 años.

Los bonos te pagarán los rendimientos de manera semestral, es decir, al invertir en bonos, tu capital será devuelto hasta finalizar el plazo, pero los intereses se pagarán cada seis meses en tu cuenta de CETES Directo. De la misma manera que se reembolsan los CETES al vencer su plazo, **LOS BONOS Y UDIBONOS SON INSTRUMENTOS IDEALES PARA INVERSIONISTAS JUBILADOS O QUE YA ALCANZARON LA LIBERTAD FINANCIERA,** pues permiten relajarte, ya que tu dinero te va pagando por mantenerse ahí, como si se tratara de una renta.

Ahora, los UDIBonos tienen una característica particular, además de la tasa pactada al momento de comprar, contaremos con protección inflacionaria, debido a que están cotizadas en UDI (Unidad De Inversión). Entonces, al momento de recibir nuestro pago semestral se va a calcular el porcentaje correspondiente a la tasa pactada respecto a la UDI. Debido a esto, el pago semestral tendrá variaciones correspondientes al comportamiento de la inflación, pero recuerda que siempre estarás protegido ante ella y tendrás la tasa pactada como ganancia real.

Las UDIS son pactadas por el Banco de México y se utilizan para solventar distintos tipos de créditos, tales como créditos hipotecarios, financieros o mercantiles. Estas fueron diseñadas para proteger tu dinero ante la inflación y su valor incrementa diariamente, ya que se toma en cuenta el Índice Nacional de Precios al Consumidor (INPC).

Este es un indicador económico que mide los precios de la canasta básica de los mexicanos, por ello, entre más suban los precios, el valor de las UDIS incrementa.

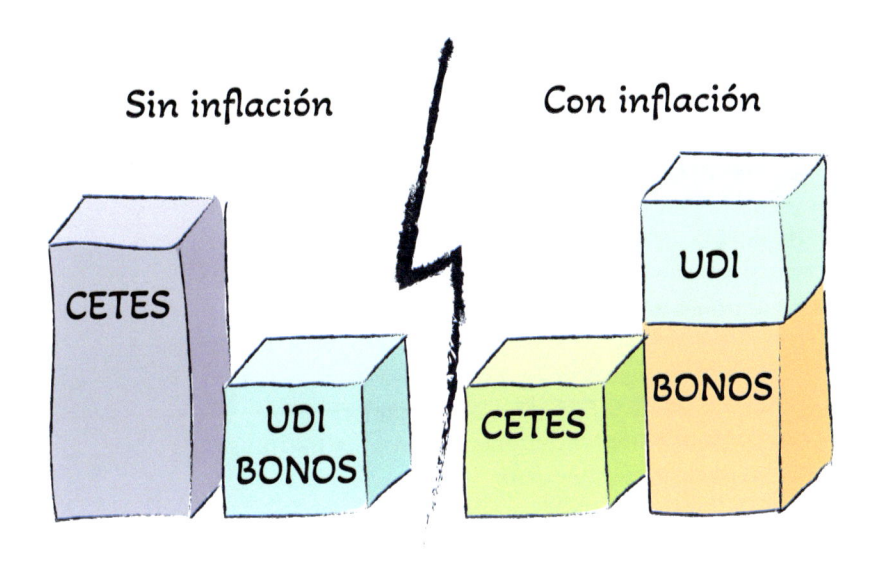

Sin inflación — Con inflación

Mientras los CETES son instrumentos ideales para inversiones de corto plazo, ahorro y fondo de emergencia, los BONOS y UDIBONOS son instrumentos ideales para inversionistas jubilados o que ya alcanzaron la libertad financiera.

CETES

CETES DIRECTO

En la aplicación CETES directo de NAFINSA, podemos realizar compra de bonos gubernamentales de México. Se encuentra disponible en iOS, Android y versión web. www.cetesdirecto.com Desde la aplicación podemos crear una cuenta e iniciar las inversiones en los diferentes instrumentos disponibles. Para abrir la cuenta solo se necesita ingresar datos personales, un correo electrónico, RFC. Se puede transferir por medio de SPEI desde tu banco y el monto mínimo de inversión es de cien pesos

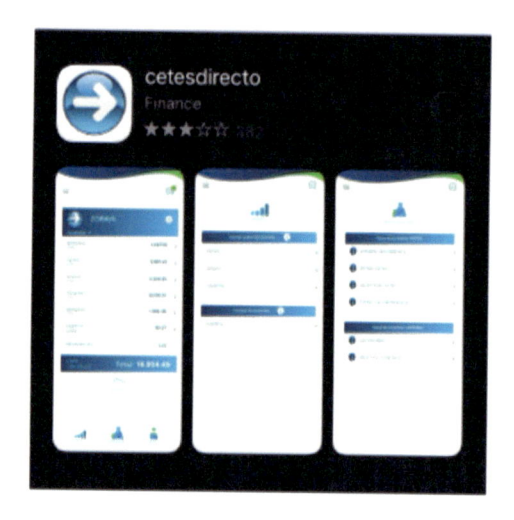

Aquí podemos observar los instrumentos en que invertimos, su rendimiento y plazo al vencimiento

En esta pestaña podemos encontrar las diferentes opciones para invertir, así como ingresar las instrucciones de compra

Enviar recursos a nuestra cuenta bancaria

Aquí podemos domiciliar un cargo para invertir automáticamente

BONDIA – bonos de disponibilidad diaria

CETES (certificados de tesorería) – tienen vigencia de 1 mes, 3 meses, 6 meses, 12 meses y 24 meses. A mayor plazo, mayores rendimientos

Bonos – vigencia de 5 años, 10 años, 20 años y 30 años. Estos instrumentos, pagaran el rendimiento pactado de manera semestral, el capital invertido se devolverá una vez concluido el plazo

UDI bonos – funcionan de la misma manera que los bonos, la diferencia es que el rendimiento pactado se suma a la inflación reportada al día de pago

AHORRO RECURRENTE

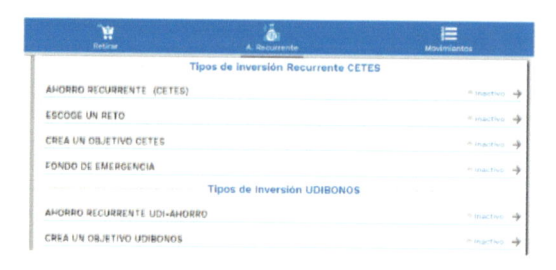

En esta sección podremos dar de alta una cuenta bancaria (únicamente es necesaria la clave) y un monto que deseamos invertir periódicamente. Con esta instrucción, en automático se descontará el monto sleccionado de la cuenta bancaria y se invertirá en el instrumento seleccionado. Puede ser únicamente en CETES o UDIBONOS, podemos elegir periodicidad mensual, quincenal o semanal. Ideal para ayudarnos a crear el habito de inversión periódica.

CALCULADORA CETES

Con esta herramienta podemos conocer el monto exacto de nuestra inversión al vencimiento del plazo acordado. Nos será útil para calcular la diferencia entre instrumentos y escoger el más conveniente para nuestra estrategia.

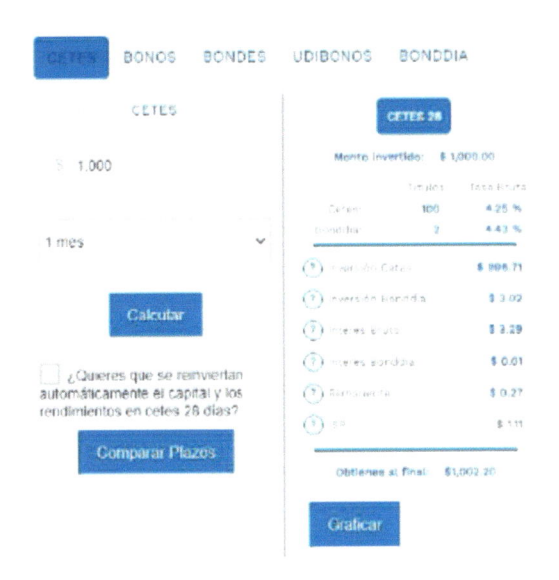

Impuestos

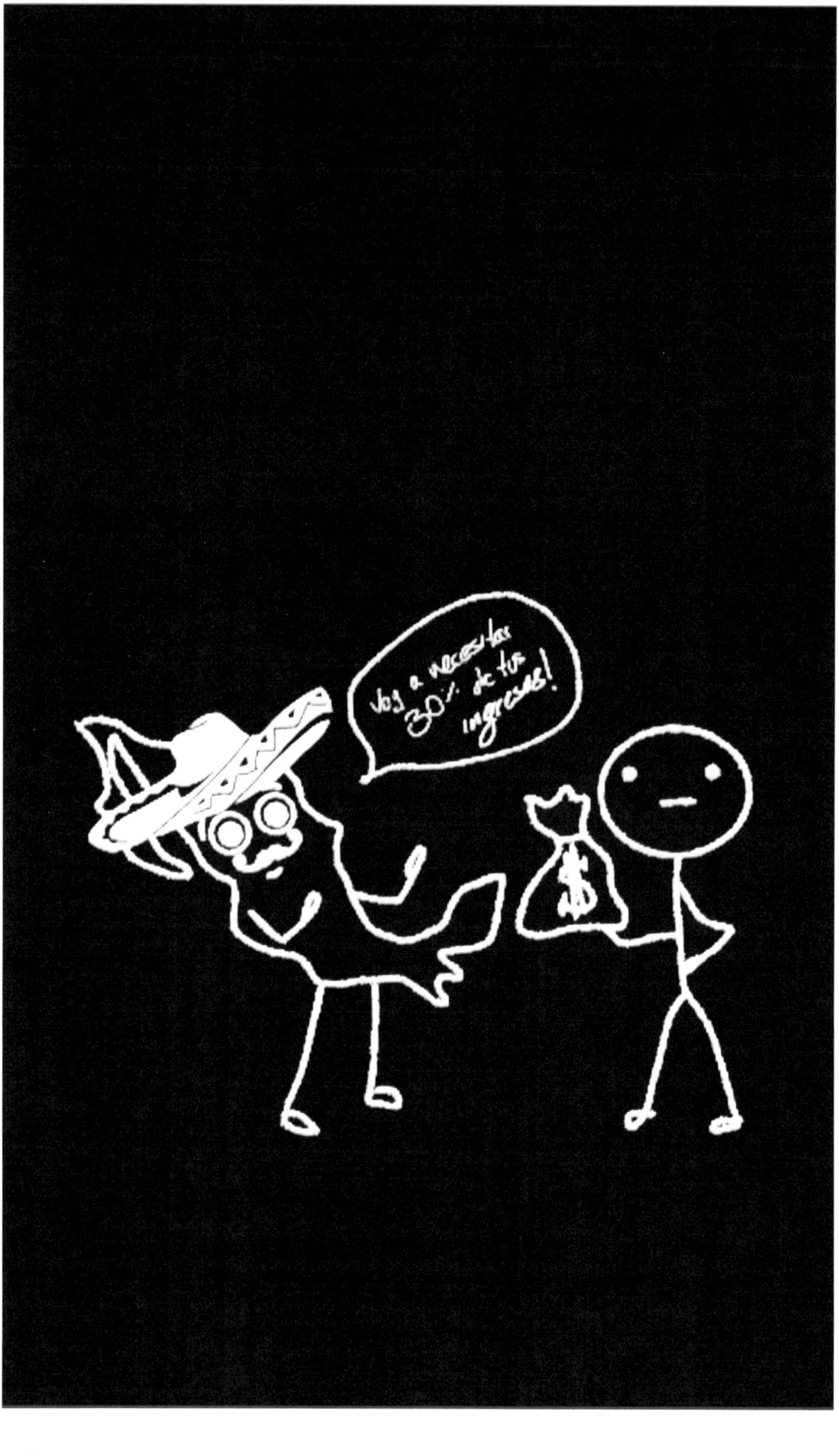
Voy a necesitar 30% de tus ingresos!

Ya hemos visto cómo incrementar las ganancias, utilizar el dinero de manera eficiente y ponerlo a trabajar para ti, así que es momento de tocar el tema de los impuestos, ese temido pago que se debe hacer por cada actividad que realicemos que genera ganancias. Es un tema bastante desconocido para la mayoría de nosotros que puede ser intimidante. La verdad, me hubiera gustado que en la escuela me hubieran enseñado de impuestos, cómo calcularlos, para qué sirven, en qué se gastan y por qué los pagamos. En cambio, nos enseñaron sobre el trinomio cuadrado perfecto, las carabelas la Niña, la Pinta y la Santa Maria y otro montón de datos que no me han servido de mucho para la vida adulta. Pero para eso estamos aquí, para resolver la mayor parte de las dudas que se pueden tener sobre los impuestos. Así que empecemos por lo más básico.

¿Qué son los impuestos?

Los impuestos son una contribución (pago) en dinero o en especie de carácter obligatorio, con la que cooperamos para fortalecer la economía del país. Los impuestos, en todos los sistemas económicos de los países, sirven para proveer de recursos al gobierno y éste pueda alcanzar los objetivos propuestos en su planeación. Básicamente, se te cobra por el simple hecho de vivir en un país y este pago cubre los gastos necesarios para que dicho país pueda funcionar.

¿Por qué debemos contribuir?

Contribuir es un deber de todos, es un trabajo en equipo que sólo es posible si cada uno de nosotros cumplimos con nuestra parte de la tarea. Esto es poner en práctica los valores (honestidad, respeto, compromiso y responsabilidad, entre otros) y principios democráticos que nos definen como nación.

Por mandato constitucional (Constitución Política de los Estados Unidos Mexicanos, Art. 31, Fracc. IV) es obligación de los mexicanos contribuir de manera proporcional y equitativa a los gastos públicos del país. Esto lo hacemos a través del pago de los impuestos.

¿Sabes cuál es el destino de tus impuestos?

La recaudación de los impuestos se destina a la satisfacción de ciertas necesidades de carácter colectivo como la educación pública, la impartición de justicia, la seguridad, los hospitales públicos, la infraestructura y servicios de vías públicas, o los programas y proyectos de apoyo al desarrollo social y económico, Todas estas necesidades por separado no podrían ser pagadas por sí solas por cada persona, en cambio, se pueden atender con las aportaciones de todos los ciudadanos de un país.

Estos servicios ocasionan gastos y gracias a nuestras contribuciones, la Federación cuenta con los recursos necesarios para disponer de escuelas con profesores que contribuyan en tu enseñanza; disfrutar de bibliotecas, hospitales y centros deportivos; el mantenimiento de las calles de la ciudad en la que vivimos y su iluminación; para construir y arreglar las carreteras; para contar con un servicio de bomberos, policías y militares, que se ocupen de mantener nuestra seguridad.

Esta información es proporcionada directamente por el SAT en su página web. Así que ahora, platiquemos un poco al respecto.

Los impuestos están a nuestro alrededor en todo momento, no hay forma de evitarlos, pagamos IVA en cada artículo que compramos, si trabajamos de manera formal pagamos ISR, hay impuestos involucrados a la hora de comprar una casa o un coche, por lo que nuestras inversiones no son la excepción. Empecemos por el ISR. Este impuesto es el que pagamos sobre nuestros sueldos, en el caso de quienes estamos registrados como asalariados.

El pago mensual será determinado según tus ingresos, este impuesto lo retiene directamente tu patrón y avisa de esto al SAT. En la tabla inferior podemos ver los tabuladores y el porcentaje que debes pagar según tus ingresos.

Tarifa del ISR mensual 2023

Límite inferior (MXN)	Límite superior (MXN)	Cuota fija	% sobre excedente del límite interior
0.01	746.04	----	1.92
746.05	6,332.05	14.32	6.4
6,332.06	11,128.01	371.83	10.88
11,128.02	12,935.82	893.63	16
12,936.83	15,187.82	1,182.88	17.92
15,487.72	15,487.71	1,640.18	21.36
31,236.50	31,236.49	5,004.12	23.52
49,233.01	49,233.00	9,236.89	30.00
93,993.91	93,993.90	22,665.17	32.00
125,325.21	125,325.20	32,691.18	34.00
375,975.62	En adelante	117,912.32	35.00

Fuente: SAT y Resolución Miscelánea Fiscal 2023

Pues ya sabemos cuánto nos toca pagar, afortunadamente no todo son malas noticias, ya que podemos realizar deducciones personales que permitirán reducir el pago de impuestos, de manera legal. Las deducciones son los gastos que, como contribuyentes, tenemos derecho a presentar para disminuir los ingresos acumulables en la declaración anual. ¿Qué quiere decir esto? Que al presentar la declaración anual, los gastos que presentemos serán descontados del monto que debemos pagar y podemos, incluso, obtener saldo a favor. En la siguiente imagen se presentan los gastos que podemos deducir como personas físicas.

El monto total de las deducciones personales no puede exceder de cinco Unidades de Medida y Actualización (UMA) anuales o del 15% total de tus ingresos, incluidos los exentos, lo que resulte menor.

Gastos deducibles en la Declaración Anual

HONORARIOS MÉDICOS, dentales y por servicios profesionales de nutrición, psicología o enfermería, para ti o para tu familia directa.

DONATIVOS a instituciones autorizadas por el SAT.

Primas por SEGUROS DE GASTOS MÉDICOS, complementarios o independientes de los servicios de salud públicos.

TRANSPORTACIÓN ESCOLAR de tus hijos o nietos en caso de que sea obligatorio o se incluya en la colegiatura de todos los alumnos.

COLEGIATURAS desde preescolar hasta bachillerato o equivalente. Asegúrate de que en la factura venga el CURP y el grado de tu hijo.

LENTES OFTÁLMICOS hasta por 2,500 pesos.

Los ESTÍMULOS FISCALES por depósitos en las cuentas personales especiales para el ahorro.

APORTACIONES VOLUNTARIAS complementarias a tus cuentas de ahorro para el retiro y SEGUROS PARA EL RETIRO.

Intereses reales devengados y pagados por CRÉDITOS HIPOTECARIOS.

GASTOS FUNERARIOS de tu cónyuge o concubino, padres, abuelos, hijos o nietos.

Recuerda que para que estos gastos sean deducibles debes pedir factura y pagarlos con medios electrónicos.

¿Qué pasa con mi inversión en CETES?

Cuando invertimos en CETES también hay que pagar impuestos, la tasa varía cada año, por ejemplo, para el 2024 la tasa es de 0.5% sobre el capital invertido. Pero no te preocupes, que este impuesto es retenido automáticamente, por lo que al recibir tu pago ya vendrá libre de impuestos.

Imagina que inviertes 100,000.00 pesos en CETES, el pago correspondiente por los impuestos será de 500.00 pesos. Suponiendo que inviertas a una tasa de 10% anual, tu ganancia sería de 10,000.00 pesos. El impuesto correspondiente es retenido automáticamente, por lo cual al final del plazo (suponiendo que inviertes a 1 año) recibirás los 100,000.00 pesos que invertiste inicialmente, más 9,500 pesos de intereses (10,000 pesos de rendimientos menos 500 pesos de impuestos).

Como podrás darte cuenta, comparada con lo que pagamos por nuestros sueldos se trata de una tasa de tributación bastante baja.

Si tienes cualquier duda adicional con el tema fiscal, o para ver tu caso específico, te recomiendo asesorarte con un profesional, eso te ahorrará muchos dolores de cabeza y posibles problemas futuros.

Cómo evitar estafas financieras

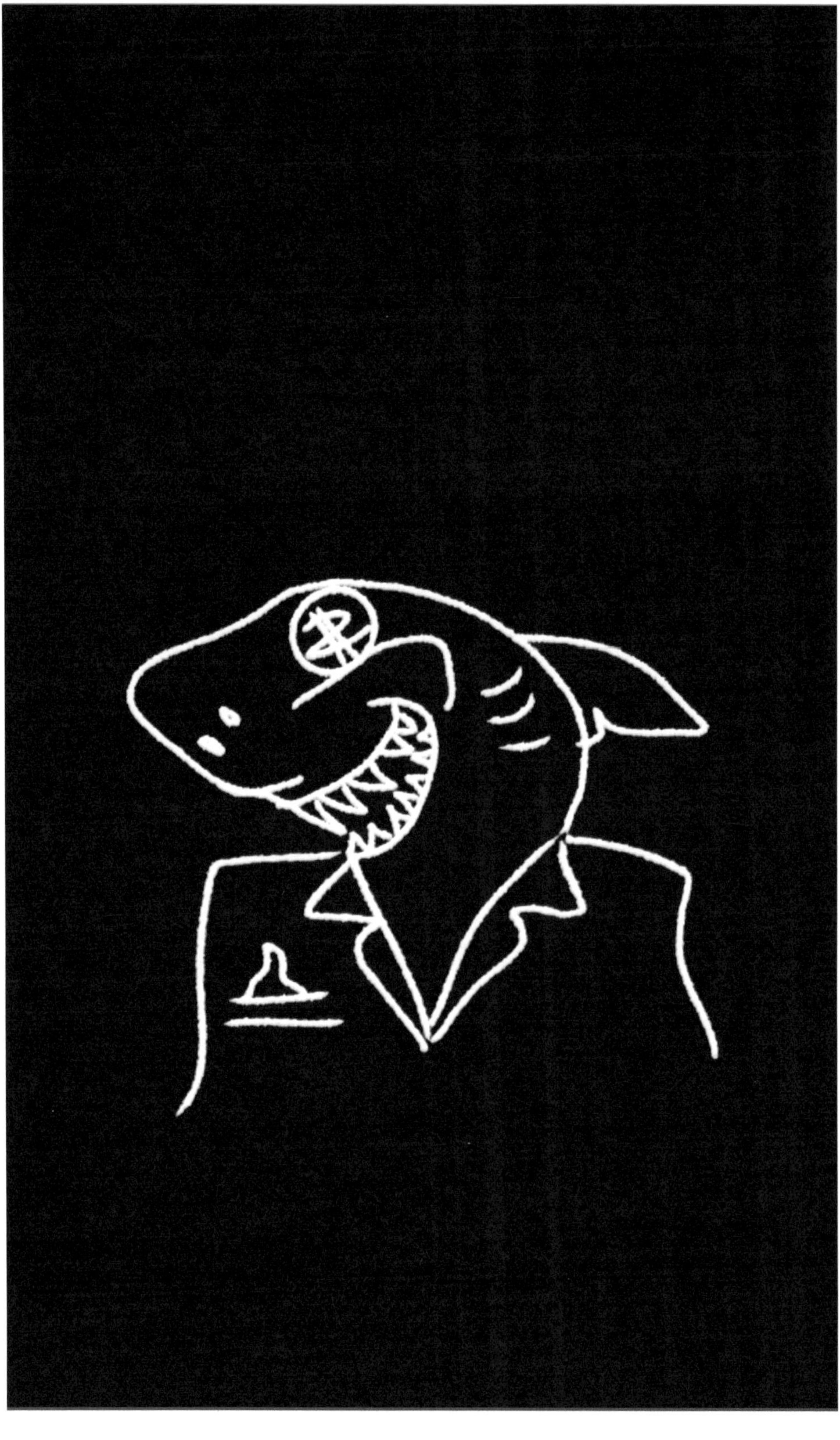

En esta sección veremos algunos puntos importantes para aprender a identificar estas estafas y evitar caer en ellas, ya que tristemente no siempre es obvio verlas.

Las más comunes son los esquemas ponzi, piramidales o multinivel. En estos casos te prometen que tu inversión tendrá rendimientos altísimos y lo único que necesitas hacer es invitar a más gente para ir avanzando dentro del esquema y mejorar tus rendimientos. El problema es que estos esquemas no invierten el dinero en nada que genere valor, únicamente reciclan el dinero de los nuevos inversionistas para pagar los rendimientos a los inversionistas más antiguos, así que tarde o temprano llega un momento donde no encuentran nuevos inversionistas, el sistema colapsa, se declaran insolventes y simplemente desaparecen llevándose consigo el dinero de todos quienes cayeron. Este tipo de estafas pueden durar años operando, así que no te confíes cuando te digan que llevan cierto tiempo operando en esa plataforma sin inconvenientes.

Hemos visto muchos casos en el pasado, no sólo en México, incluso en USA y en otros países (el más famoso es el caso de Bernie Madoff que estuvo en operación más de 20 años), y seguramente seguiremos viendo casos así en el futuro, pero lo mejor que podemos hacer para no caer en estas estafas o cualquier otra es seguir con tu educación financiera.

El esquema piramidal

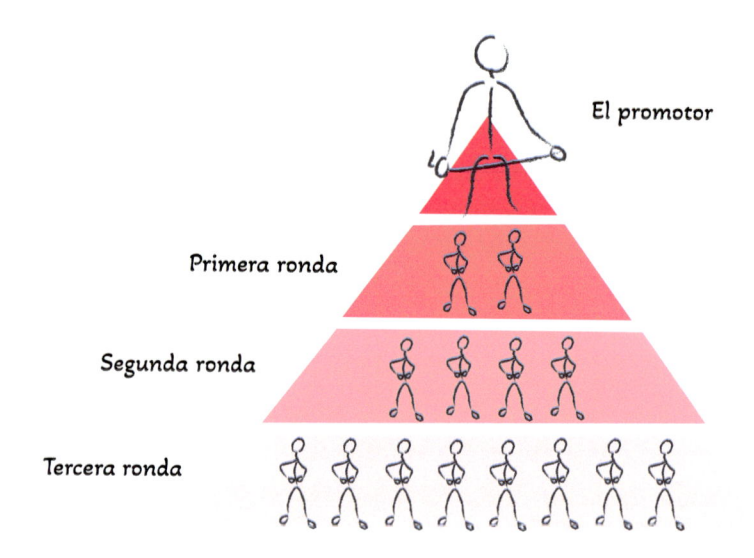

El promotor

Primera ronda

Segunda ronda

Tercera ronda

Los estafadores usan diferentes estrategias para enganchar a sus víctimas, les dicen que invertirán en los productos del futuro, hablan de conceptos complejos y enredados, pero realmente no pueden explicar en qué invierten o mostrar historiales de sus inversiones.

Actualmente se pueden anunciar como empresas que invierten en criptomonedas con un esquema complejo o algún algoritmo que los haga ganar rendimientos inusuales que solamente ellos pueden conseguir. Otros se muestran como academias de trading, donde "te enseñan" a operar el mercado financiero con "dos sencillas aplicaciones" y para obtener tu supuesta formación, solamente debes seguir pagando tu mensualidad, pero la realidad es que sólo te muestran cómo usar sus plataformas para que operes el mercado a su conveniencia. Otro caso es anunciarse como trading deportivo que supuestamente usa algoritmos súper avanzados para apostar en eventos deportivos y con ello generar ganancias para los inversionistas.

La realidad es que no son lo que realmente prometen, como expliqué previamente, sólo van utilizando el dinero de los inversionistas para aparentar rendimientos. También juegan con el chantaje emocional al generar miedo de estarse perdiendo la oportunidad de invertir en la siguiente gran cosa o cuestionar si se quiere continuar siendo pobre o finalmente apelando a que estos modelos no son entendidos por el resto del mundo y por eso hablan mal de ellos.

Simplemente piénsalo así, si es tan buen producto, si genera tantos rendimientos, ¿por qué se lo ofrecen a personas normales con cantidades comunes de dinero y no a un inversionista o empresa que pueda aportarles millones de dólares en una sola operación? ¿No crees que si el negocio fuera tan rentable como prometen, cualquiera de los grandes empresarios ya los hubiera buscado para invertir con ellos?

¿Cómo identificar una estafa?

1-Te prometen rendimientos altísimos y seguros. Nadie puede garantizar cierto porcentaje de rendimientos cuando se invierte en renta variable, únicamente los instrumentos de renta fija pueden hacerlo, los cuales no ofrecen rendimientos tan altos. Cuando hablamos de rendimientos altos, hay que tomar en cuenta la tasa de CETES, puede haber instrumentos legales y regulados que te ofrezcan tasas ligeramente más altas que la de CETES, pero si la tasa de referencia es de 10% y alguien te ofrece un 30% anual, ya es una señal de alerta.

2-Te piden invitar a más personas para que inviertan. Esta acción la hacen de muchas maneras, una de ellas es para continuar subiendo de nivel y mejorar las ganancias con la aspiración de convertirse en socio platino, diamante, ultra pro. Definitivamente esta es una de las señales más claras de peligro en las inversiones.

3-No están regulados por la CONDUSEF, ni CNBV. Las instituciones financieras deben cumplir con múltiples regulaciones para ser capaces de captar e invertir dinero de terceros. Actualmente, muchas empresas se anuncian como si estuvieran aprobadas para operar, ¿cómo verificar que realmente estén reguladas? Sólo hay que ingresar al SIPRES (Sistema de Registro de Prestadores de Servicios Financieros) de la CONDUSEF, ingresar el nombre de la empresa y si aparece significa que están autorizados para recibir dinero de inversionistas; por el contrario, si no aparece, aléjate de ahí, ya que tu dinero y tus inversiones no estarán respaldados, ni protegidos.

Y como hemos visto anteriormente, por más denuncias que se hagan, la posibilidad de que los inversionistas recuperen su dinero es muy rara, caso contrario a cuando invertimos en instrumentos regulados.

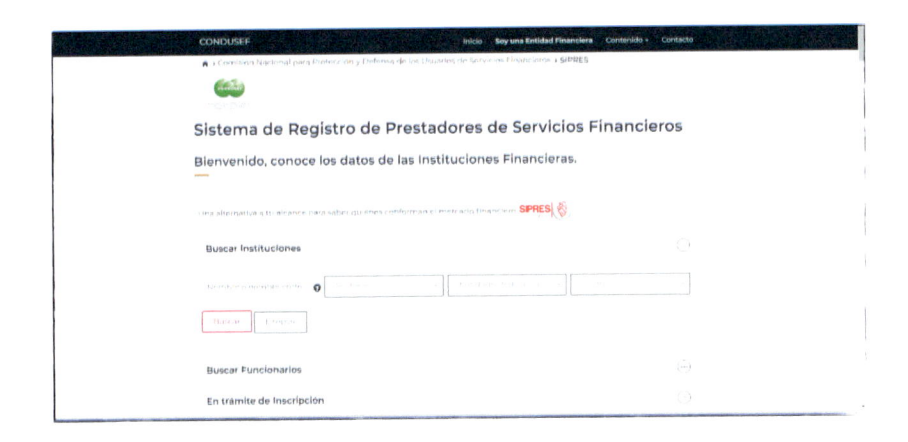

4-No te explican concretamente cuáles son los activos en que invierten o cómo generan ganancias. Es muy importante verificar dónde estamos invirtiendo y con quién. Ya de por sí es bastante laborioso conseguir el dinero como para permitir que alguien nos lo quite sin ningún esfuerzo. ¿Cuántas horas de tu vida te costó conseguir ese dinero? ¿Le regalarás todo ese tiempo de tu vida a alguien que no lo merece?

5-Los requisitos para abrir una cuenta son mínimos, toda inversión regulada, te solicitará los mismos datos que un banco para abrir tu cuenta, comprobante de domicilio, identificación oficial, datos fiscales, etc. En estas plataformas te permiten crear tu cuenta con requisitos tan simples como tu nombre, y en ocasiones, hasta con tu cuenta de redes sociales.

6-Te permiten invertir con tu tarjeta de crédito. Ninguna institución regulada va permitir que transfieras dinero con tu tarjeta de crédito o débito, normalmente te solicitan realizar alguna transferencia interbancaria y siendo más estrictos aún, algunas como CETES exigen que la cuenta de donde entra y sale el capital esté a tu nombre.

Como lo he mencionado, el dinero fácil no existe y si algo suena muy bueno para ser verdad, seguramente no lo es.

Frases que alguien para invitarte a una estafa piramidal:

- ¿Quiéres ser tu propio jefe?
- ¡Mentalidad de tiburón!
- Dos sencillas aplicaciones donde solo tienes que invitar a dos personas.

¿Qué es la bolsa de valores?

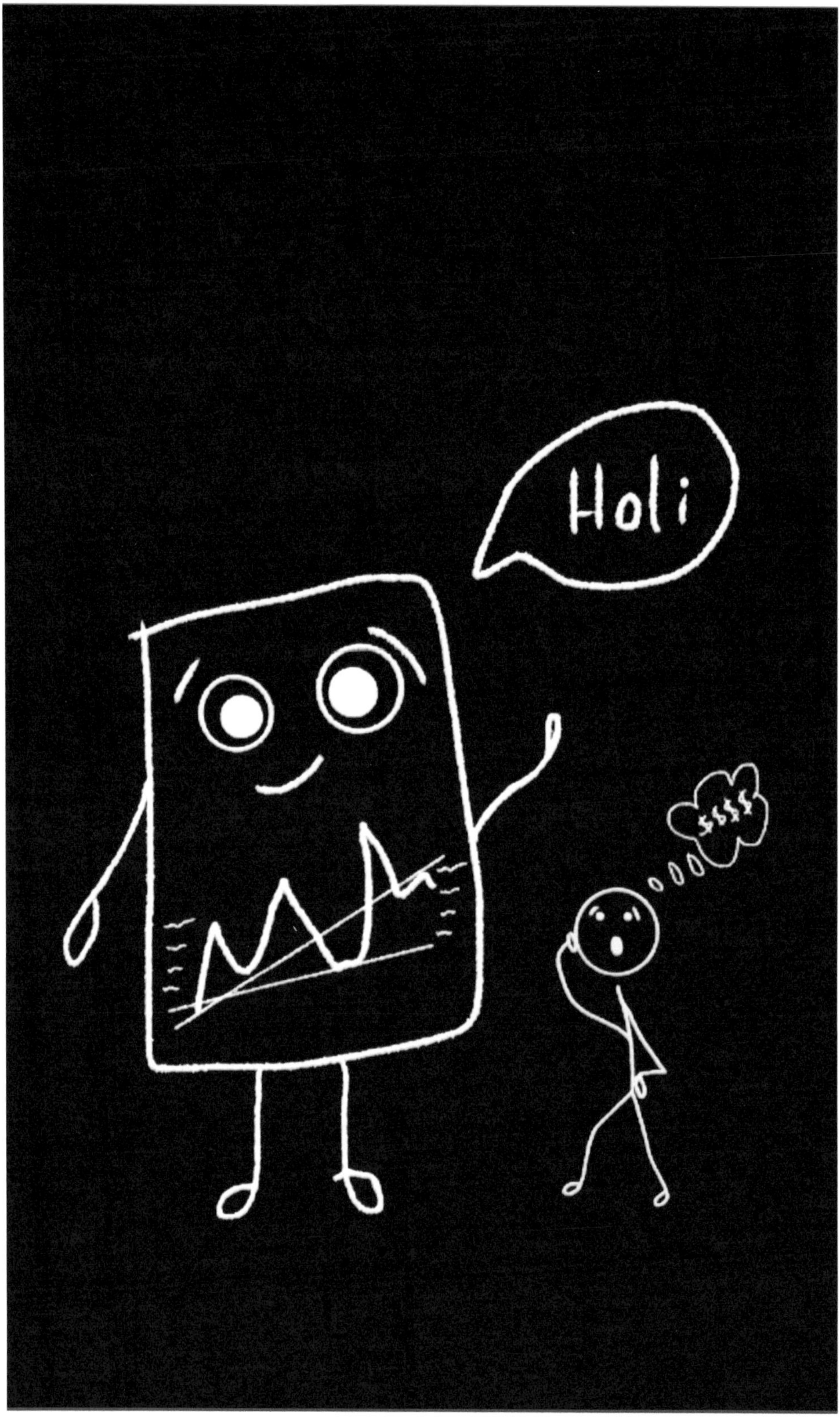
Holi
$$$$

La Bolsa de Valores es un espacio físico y electrónico que funciona como medio de financiamiento para las empresas. A través de una casa de bolsa puedes invertir en las empresas más grandes de México y el mundo.

En México existen dos Bolsas de Valores: la Bolsa Mexicana de Valores (BMV) y la Bolsa Institucional de Valores (BIVA). Son reguladas por la Comisión Nacional Bancaria y de Valores (CNBV) y la Comisión Nacional para la Protección y Defensa de los Usuarios de Servicios Financieros (CONDUSEF) y supervisada por el Banco de México.

¿Cómo funciona?

Una empresa que quiere realizar algún proyecto de inversión, expansión o estrategia de negocio emite títulos accionarios o de deuda en la Bolsa de Valores para conseguir el capital o el dinero que le permita solventar sus gastos y costos.

De este modo, los inversionistas de la bolsa compran esos títulos accionarios para ser dueños de una pequeña parte de la empresa, misma que a cambio del capital, adquiere la obligación de otorgarles un beneficio económico.

Por el contrario, con los títulos de deuda, la empresa pide abiertamente un préstamo a las personas o grupos que invierten en la bolsa. Similar a un préstamo bancario, se fija un vencimiento para pagar el monto y un interés sobre el mismo.

Para lo anterior, las instituciones financieras, como los bancos y las casas de bolsa, funcionan como intermediarios entre los inversionistas y las empresas.

La Bolsa Mexicana de Valores y la Bolsa Institucional de Valores son entidades financieras que operan por concesión de la Secretaría de Hacienda y Crédito Público, con apego a la Ley del Mercado de Valores.

Las Bolsas de Valores son foros en el que se llevan a cabo las operaciones del mercado de valores organizado en México.

Las empresas que requieren recursos (dinero) para financiar su operación o proyectos de expansión pueden obtenerlo a través del mercado bursátil, mediante la emisión de valores (acciones, obligaciones, papel comercial, etc.) que son puestos a disposición de los inversionistas (colocados) e intercambiados (comprados y vendidos) en la Bolsa Mexicana, en un mercado transparente de libre competencia y con igualdad de oportunidades para todos sus participantes.
Para realizar la oferta pública y colocación de los valores, la empresa acude a una casa de bolsa que los ofrece (mercado primario) al gran público inversionista en el ámbito de la Bolsa Mexicana. De ese modo, los emisores reciben los recursos correspondientes a los valores que fueron adquiridos por los inversionistas.
Una vez colocados los valores entre los inversionistas en el mercado bursátil, éstos pueden ser comprados y vendidos (mercado secundario) en la Bolsa Mexicana, a través de una casa de bolsa.

La Bolsa Mexicana de Valores es el lugar físico donde se efectúan y registran las operaciones que hacen las casas de bolsa. Los inversionistas compran y venden acciones e instrumentos de deuda a través de intermediarios bursátiles, llamados casas de bolsa. Es muy importante recalcar que la Bolsa no compra ni vende valores.

El público inversionista canaliza sus órdenes de compra o venta de acciones a través de un promotor de una casa de bolsa. Estos promotores son especialistas registrados que han recibido capacitación y han sido autorizados por la CNBV. Las órdenes de compra o venta son entonces transmitidas de la oficina de la casa de bolsa al mercado bursátil a través del sofisticado Sistema Electrónico de Negociación, Transacción, Registro y Asignación (MONET) donde esperarán encontrar una oferta igual, pero en el sentido contrario y así perfeccionar la operación.

Una vez que se hayan adquirido acciones o títulos de deuda, se puede monitorear su desempeño en los periódicos especializados, o a través de los sistemas de información impresos y electrónicos de la propia Bolsa así como en el SiBOLSA.

¿Cuál es la importancia de una Bolsa de Valores para un país?

Las Bolsas de Valores de todo el mundo son instituciones que las sociedades establecen en su propio beneficio. A ellas acuden los inversionistas buscando una opción para proteger y acrecentar su ahorro financiero, aportando recursos que, a su vez, permiten, tanto a empresas como a gobiernos, financiar proyectos productivos y de desarrollo que generan empleos y riqueza en beneficio del país.
Invertir por medio de la Bolsa de Valores es bastante complejo y requiere mucho estudio, sin el cual, se incrementa considerablemente el riesgo. Es un tema suficientemente extenso, por lo cual he dedicado enteramente el siguiente libro de esta trilogía a este tema.

¿Si dejaras de fumar, podrías comprarte un Ferrari?

Todos hemos escuchado a alguien decir esto como un método para desincentivarnos a comprar cigarros, insinuando que el gasto es muy alto y se trata del mayor gasto hormiga, pero, ¿qué tiene de cierto? ¿Será posible? Hagamos cuentas y me usaré para comprobar esta hipótesis. Tengo 35 años de edad y supongamos que fumo una cajetilla diaria. El precio actual de la cajetilla es de aproximadamente 80 pesos, así que si pagara esa cantidad por 365 días que tiene el año, estaría gastando un total anual de 29,200 pesos. Asumiendo que hubiera empezado a fumar a los 18 años (edad legal en México para comprar cigarros) son 17 años de comprarlos, así que 17 multiplicado por 29,200 tendría apenas un total de 496,400 pesos. Así que no, no es suficiente para comprar un Ferrari, ya que al día de hoy el modelo "básico" (Ferrari Roma) ronda los 247,000 dólares, aproximadamente 4 millones de pesos.

Pero, y este es un gran pero, qué hubiera pasado si ese dinero lo hubiéramos invertido en acciones de Ferrari (RACE). Imaginando que tuviera esos $496,400 pesos ahorrados y lo hubiera invertido todo en acciones de Ferrari.

Ferrari empezó a cotizar en la bolsa en octubre de 2016 con un precio por acción de 60 usd. En octubre de 2016 el dólar cotizaba a 19 pesos, así que veamos: 496,400 pesos en octubre de 2016, eran, aproximadamente, 26,126 usd (496,400 / 19 = 26,126). Con lo cual pude haber comprado 435 acciones (26,126 / 60 = 435).

Al día de hoy, la acción de Ferrari cotiza en $335 usd, así que mis 435 acciones valdrían 189,415 usd (435 x 335 = 189,415). Algo así como 3.2mdp (189,415 x 17 = 3,220,000). Aún no podría comprar un Ferrari, pero estaría mucho más cerca que simplemente ahorrando.

¿Ahora entiendes la importancia y el poder de las inversiones?.

Gráfica de la acción RACE (Ferrari) de octubre 2016 a enero 2024.

Invierte en ti

A riesgo de sonar bastante trillado, quiero dedicar este capítulo a recordarte que tú eres tu mejor inversión. Todo lo que hagas hoy por ti, lo agradecerás el día de mañana.

El mejor consejo de inversión que alguien me ha dado fue precisamente ése. Invierte en ti, no sólo en el aspecto económico, sino que cuidar de ti también incluye invertir en tu educación y en cualquier cosa que desees emprender. Vivimos en la maravillosa época en que el conocimiento universal está en la palma de tu mano, literalmente. Dedícale un poco de tiempo a aprender nuevas habilidades, a seguir estudiando y a incrementar tu conocimiento, esto te ayudará a mejorar tus posibilidades de incrementar tus ingresos. Piensa en todo el tiempo que pasas en redes sociales, imagina si reemplazaras ese tiempo aprendiendo sobre inversiones, aprendiendo un nuevo idioma, aprendiendo una nueva habilidad para mejorar en tu trabajo o para emprender una segunda línea de negocios. Realmente existe en línea muchísima información gratuita.

Adicionalmente a eso, cuidar de tu cuerpo es fundamental en todo este proceso, mejorar tus hábitos alimenticios te brindará una mejor calidad de vida en el presente y a futuro. Cuántas veces nos han dicho que comer bien y ejercitarse no evitará la muerte y es verdad, no evitarás la muerte, pero sí obtendrás una mejor calidad de vida. Un poco de ejercicio todos los días te ayudará a mantenerte activo y fuerte, incrementará las posibilidades de poder ser autosuficiente en la vejez y que no dependas de un tercero o alguna herramienta para poder realizar las actividades cotidianas.

Eso también es una decisión económica, te has preguntado cuánto dinero podrían costarte tratamientos médicos o cuidados especiales.

Es una decisión personal, como quieres llegar a tu jubilación, independiente económica y físicamente.

Hoy es el mejor día para iniciar un cambio, no esperes al lunes, al primero de mes, al año nuevo.

Epílogo

Hemos llegado al final de este primer paso en el camino a la libertad financiera.
Recuerda que este camino no tiene atajos, así que debes ser constante para que tu yo del futuro te lo agradezca. El tiempo va a pasar de todas formas, aprovéchalo y permite que tu dinero trabaje para ti, en vez de seguir trabajando por el dinero.

Te comparto unos tips de salida:

1-Crea tu presupuesto mensual y apégate a él.

2-Crea metas financieras y trabaja por ellas, será mucho más sencillo si les pones un monto y una fecha.

3-Siempre busca cómo crear nuevas fuentes de ingreso.

4-Utiliza la tarjeta de crédito a tu favor, puede ser un gran aliado.

5-Piensa siempre en el largo plazo.

6-Tu mejor inversión siempre será en tu educación.

7-Invertir en tu salud también es parte fundamental de este proceso, de nada sirve el dinero si falta la salud, ejercítate, mejora tus hábitos alimenticios, no te hará vivir por siempre, pero te dará un mejor nivel de vida en los años que te quedan.

Glosario

AFORE – Administradora de Fondos para el Retiro.

BIVA-Bolsa Institucional de Valores

BMV – Bolsa Mexicana de Valores

CAT – Costo Anual Total

CETES – Certificado de Tesorería

CNBV – Comisión Nacional Bancaria y de Valores

CONDUSEF – Comisión Nacional para la protección y Defensa de los Usuarios de Servicios Financieros

FINTECH – Finance and Technology

GAT - Ganancia Anual Total

MSI – Meses Sin Intereses

NAFIN _ Nacional Financiera

PPR – Plan Personal de Retiro

SAT – Sistema de Administración Tributaria

SCHP – Secretaría de Hacienda y Crédito Público

SIEFORE – Sociedad de Inversión Especializada de Fondos para el Retiro

SIPRES – Sistema de Registro de Prestadores de Servicios Financieros

SOFIPOS – Sociedad Financiera Popular

TDC – Tarjeta de Crédito

Made in the USA
Columbia, SC
03 May 2024